Curso de español lengua extranjera

Experiencias

INTERNACIONAL **A1 + A2**

Encina Alonso
Geni Alonso
Susana Ortiz

Usa este código para acceder al
LIBRO DIGITAL
y al
BANCO DE RECURSOS
disponibles en

www.anayaeledigital.es

Índice

EXPERIENCIAS INTERNACIONAL A1+A2

1 ¿QUIÉN ERES? — Pág. 4
PRESENTARSE EN UN GRUPO

PRAGMÁTICA
- Saludar y despedirse
- Dar y pedir información personal
- Hablar sobre las lenguas

GRAMÁTICA
- Ser + nombre/nacionalidad/profesión
- Los verbos llamarse, ser, hablar, trabajar
- El género de los nombres y adjetivos
- Para + infinitivo
- Porque + verbo conjugado
- La negación

LÉXICO
- Los saludos y las despedidas
- Las nacionalidades
- Las profesiones
- Las lenguas

EXPERIENCIA CULTURAL
Hispanoamérica, Iberoamérica y Latinoamérica

MI EXPERIENCIA
Soy estudiante de español

2 ¿QUÉ HACES Y CUÁNDO? — Pág. 16
DECIR LOS HORARIOS

PRAGMÁTICA
- Preguntar y decir la hora
- Comparar horarios
- Hablar de la rutina diaria

GRAMÁTICA
- Preposiciones de tiempo: de... a; de/por + parte del día
- Antes/Después de + infinitivo
- Los verbos regulares en presente: -ar, -er, -ir
- Los verbos reflexivos: levantarse...

LÉXICO
- Los números hasta el 30
- Los días de la semana
- Las partes del día
- Las horas y los horarios

EXPERIENCIA CULTURAL
Los horarios de los españoles

MI EXPERIENCIA
Completo mi agenda de lunes a viernes

3 ¿DÓNDE VIVES? — Pág. 28
HABLAR DEL BARRIO DONDE VIVES

PRAGMÁTICA
- Hablar de un barrio o una ciudad
- Pedir y dar información sobre direcciones y distancias
- Describir una vivienda

GRAMÁTICA
- Los interrogativos: qué, cómo, dónde
- Los usos de es, hay y está
- Los artículos: el, la, los, las; un, una, unos, unas
- Los ordinales: primero, segundo...
- Los adverbios de lugar

LÉXICO
- Los tipos de barrios
- Las características de un barrio
- La casa y los muebles
- Los tipos de viviendas

EXPERIENCIA CULTURAL
Ciudades con encanto

MI EXPERIENCIA
Describo cómo es mi barrio

4 ¿CÓMO ERES? — Pág. 40
HABLAR DE LAS PERSONAS Y LAS RELACIONES

PRAGMÁTICA
- Hablar de relaciones familiares
- Describir el carácter de una persona
- Presentar personas

GRAMÁTICA
- El número de los nombres y adjetivos
- Los posesivos: mi, tu, su...
- Los pronombres demostrativos: este, ese, aquel...
- Muy, bastante + adjetivo
- Los verbos irregulares en presente

LÉXICO
- La familia
- Las relaciones personales
- Los adjetivos de carácter

EXPERIENCIA CULTURAL
Nombres y apellidos

MI EXPERIENCIA
Escribo mi perfil en una red social

5 ¿TE GUSTA? — Pág. 52
EXPRESAR GUSTOS

PRAGMÁTICA
- Opinar sobre el tiempo libre y hacer planes
- Expresar gustos y preferencias
- Hablar de acciones actuales

GRAMÁTICA
- El verbo ir con preposición
- Los verbos irregulares: preferir, poder, hacer, salir...
- El verbo gustar
- A mí también/tampoco, A mí sí/no
- Estar + gerundio

LÉXICO
- Las actividades de tiempo libre
- Las aficiones
- Aprender lenguas

EXPERIENCIA CULTURAL
Música y baile: mezcla de culturas

MI EXPERIENCIA
Las cosas que me gusta hacer en mi ciudad

6 ¿CUÁL ES TU IMAGEN? — Pág. 64
DESCRIBIR LA ROPA Y EL ASPECTO FÍSICO

PRAGMÁTICA
- Describir prendas de vestir
- Expresar necesidad y obligación
- Hablar del tiempo
- Describir personas

GRAMÁTICA
- El género de los colores
- Necesitar + nombre/infinitivo
- Tener que/Deber + infinitivo
- Los verbos ser, tener y llevar

LÉXICO
- La ropa
- Los colores
- Los números hasta 1000
- Los meses, las estaciones y el clima
- La descripción física

EXPERIENCIA CULTURAL
Colores y personalidad

MI EXPERIENCIA
Me visto de manera diferente

7 ¿TIENES UNA VIDA SANA? — Pág. 76

ACONSEJAR HÁBITOS SALUDABLES

PRAGMÁTICA
- Hablar de hábitos saludables
- Dar consejos
- Pedir un menú saludable
- Expresar deseos

GRAMÁTICA
- Es bueno/necesario + infinitivo/nombre
- Los verbos irregulares: dar, reírse, vestirse, acostarse
- Conectores: y, pero
- Mucho, algo, poco y nada

LÉXICO
- Los hábitos saludables
- Los alimentos
- Los deportes

EXPERIENCIA CULTURAL
La dieta mediterránea

MI EXPERIENCIA
Tengo una vida sana

VÍDEOS, GRAMÁTICA Y TRANSCRIPCIONES Pág. 172

¿QUÉ EXPERIENCIAS IMPORTANTES HAS TENIDO? Pág. 88

8 — ESCRIBIR UNA HISTORIA PERSONAL

PRAGMÁTICA
- Hablar de experiencias
- Hacer valoraciones
- Contar los cambios

GRAMÁTICA
- El pretérito perfecto compuesto
- Los participios regulares e irregulares
- Expresiones de tiempo: *siempre, nunca*
- Los marcadores *hace* y *desde hace*

LÉXICO
- La vida de una persona
- Las materias del conocimiento
- Los estados de ánimo

EXPERIENCIA CULTURAL
Premios y premiados

MI EXPERIENCIA
Comparto una experiencia

¿QUÉ TAL TE ENCUENTRAS? Pág. 100

9 — HABLAR DE ENFERMEDADES Y REMEDIOS

PRAGMÁTICA
- Describir síntomas
- Expresar posibilidad
- Dar consejos
- Expresar causa y consecuencia

GRAMÁTICA
- El verbo *doler*
- *Deber* y *poder* + infinitivo
- *Quizá, a lo mejor* + indicativo
- Las palabras que terminan en *-a* y son masculinas
- Los conectores: *también, por eso...*

LÉXICO
- Las partes del cuerpo
- Las enfermedades
- Los síntomas y los remedios
- El juego

EXPERIENCIA CULTURAL
Medicina alternativa

MI EXPERIENCIA
Escribo sobre salud y viajes

¿TE GUSTA LA NATURALEZA? Pág. 112

10 — DESCRIBIR UN LUGAR O UN RECUERDO

PRAGMÁTICA
- Comparar
- Describir lugares naturales
- Describir la geografía y el clima
- Hablar del medio ambiente

GRAMÁTICA
- Los comparativos
- Los superlativos
- Los pronombres de objeto directo

LÉXICO
- Adjetivos para describir lugares
- El tiempo atmosférico y el clima
- La geografía
- La ecología

EXPERIENCIA CULTURAL
Lugares espectaculares de América Latina

MI EXPERIENCIA
Recuerdos del campo

¿HAS VIVIDO EN EL EXTRANJERO? Pág. 124

11 — PREPARARSE PARA EL MUNDO LABORAL

PRAGMÁTICA
- Decir la formación
- Hablar de la experiencia laboral
- Relacionar hechos pasados
- Expresar la duración

GRAMÁTICA
- El pretérito perfecto simple, verbos regulares
- Verbos irregulares: *ir, estar, tener, hacer*
- Contraste entre el pretérito perfecto simple y el compuesto (1)
- Marcadores temporales

LÉXICO
- Los estudios
- El mundo laboral

EXPERIENCIA CULTURAL
Hacer negocios en España

MI EXPERIENCIA
Mi diario

¿NOS VAMOS DE EXCURSIÓN? Pág. 136

12 — CONTAR UNA EXPERIENCIA EN LA NATURALEZA

PRAGMÁTICA
- Hacer recomendaciones
- Compartir objetos
- Hablar del pasado
- Organizar la información
- Formular preguntas

GRAMÁTICA
- El pretérito perfecto simple irregular
- Los pronombres posesivos
- Los pronombres de objeto indirecto y directo
- Contraste entre el perfecto simple y el compuesto (2)

LÉXICO
- Los alimentos de una excursión
- Los objetos para una excursión
- Las actividades en la naturaleza

EXPERIENCIA CULTURAL
Espacios protegidos

MI EXPERIENCIA
Cuento una excursión que he hecho

¿CÓMO HA CAMBIADO TU VIDA? Pág. 148

13 — COMPARAR ACTIVIDADES, ANTES Y AHORA

PRAGMÁTICA
- Hablar de cambios
- Describir costumbres en el pasado
- Comprar en el mercado
- Comparar la vida de antes y de ahora

GRAMÁTICA
- El pretérito imperfecto
- Las referencias temporales
- Las palabras compuestas: *el microondas*

LÉXICO
- Las épocas de la vida
- Las tareas domésticas
- Los alimentos

EXPERIENCIA CULTURAL
¡Qué época!

MI EXPERIENCIA
Mi vida antes y ahora

¿ESTÁS EN FORMA? Pág. 160

14 — RECOMENDAR EL EJERCICIO Y EL JUEGO

PRAGMÁTICA
- Dar instrucciones
- Expresar estados físicos
- Hablar de emociones
- Quedar

GRAMÁTICA
- El imperativo afirmativo regular e irregular: *tú*
- *Estar* + estado físico/emocional

LÉXICO
- Las actividades físicas y los deportes
- Los eventos y los hábitos deportivos
- Los estados físicos y emocionales

EXPERIENCIA CULTURAL
Maratones donde se habla español

MI EXPERIENCIA
Estoy en forma

tres | 3

Unidad 1

¿Quién eres?

OBJETIVO
Presentarse en un grupo

PRAGMÁTICA
- Saludar y despedirse
- Dar y pedir información personal
- Hablar sobre las lenguas

GRAMÁTICA
- *Ser* + nombre/nacionalidad/profesión
- Los verbos *llamarse*, ser, *hablar*, *trabajar*
- El género de los nombres y adjetivos
- *Para* + infinitivo
- *Porque* + verbo conjugado
- La negación

LÉXICO
- Los saludos y las despedidas
- Las nacionalidades
- Las profesiones
- Las lenguas

Mi experiencia
Soy estudiante de español

¡Bienvenidos a clase de español!

Escucha a tu profesor o profesora y marca cómo saluda.

- [ ] ¡Hola, buenos días! ¿Qué tal?
- [ ] ¡Hola! Me llamo… ¿Y tú?
- [ ] ¡Hola! ¿Qué tal? Me llamo…
- [ ] ¡Hola, buenas tardes! Me llamo…

UNIDAD **1** | **¿QUIÉN ERES?** | SECUENCIA **1**

1 ¡HOLA! ¿QUÉ TAL?

Lee, observa y relaciona cada frase con la foto adecuada. Ej. 1, p. 12

1 ¡Adiós, buenas tardes!

2 ¡Adiós, buenos días! Hasta mañana, profesora

3 ¡Hola! ¿Qué tal? Buenos días. Soy el profesor

4 ¡Buenas noches, hasta mañana!

11:00

00:00

17:00

09:00

2 ¿CÓMO TE LLAMAS?

A. Lee esta información sobre Marta.

> ¡Hola! Me llamo Marta López, soy profesora y soy española.

B. Ahora completa con tu información.

Nombre y apellido:
¿Cómo te llamas?

Nacionalidad:
¿De dónde eres?

AYUDA
⊃ Preguntar por una palabra
-¿Cómo se dice *German* en español?
-Se dice *alemán*.

C. Lee el diálogo e identifica las preguntas y respuestas.

PREGUNTAS

El nombre	El apellido	La nacionalidad

RESPUESTAS

El nombre y el apellido	La nacionalidad

¿ANDREA O ANDREAS?

— ¡Hola!, ¿cómo te llamas?
— Andreas, ¿y tú?
— Yo me llamo Alessia Fabro y soy italiana. Y tú, ¿de dónde eres?
— Soy alemán. ¿Fabro es tu apellido?
— Sí. Y tú, ¿cuál es tu apellido?
— Schmidt, Andreas Schmidt.

D. Ahora, saluda y di tu nombre.

¡Buenos días! Me llamo… ¿Y tú? ¡Hola! Me llamo…

	LLAMARSE	SER
yo	me llamo	soy
tú	te llamas	eres
él, ella, usted	se llama	es
nosotros/as	nos llamamos	somos
vosotros/as	os llamáis	sois
ellos, ellas, ustedes	se llaman	son

3 ¿CÓMO SE ESCRIBE?

A. ¿Cómo se pronuncia el alfabeto español? Escucha y repite.

B. Observa el teclado, escucha otra vez y escribe en cada tecla el nombre de la letra.

AYUDA
⊃ ¿Cómo se escribe?
- Con mayúscula: *M*
- Con minúscula: *m*
- Con tilde (´) en la *o*: *Gómez*

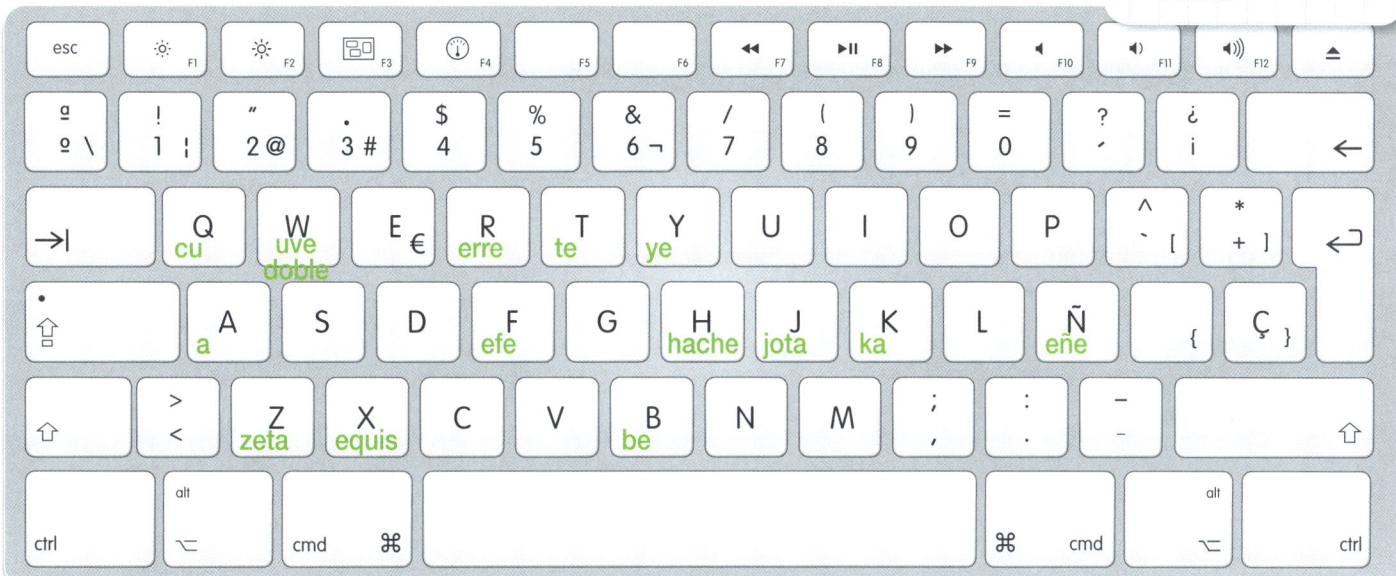

C. Lee los diálogos y completa con la información que falta.

DIÁLOGO 1
— ¡Buenas tardes! Me llamo María _____ .
— ¿Cómo se escribe el apellido?
— Se escribe: ene mayúscula, o, o (doble o), i, jota, e, erre.

DIÁLOGO 2
— ¡Buenos días! Me llamo _____ .
— ¿Mónica, con ce o con ka?
— Con ka.
— ¿Y cómo se escribe tu apellido?
— Ese, zeta, e, ene, te, e, ese, i, ene y e con tilde.

D. Escucha a tres estudiantes y escribe su nombre y su apellido.

	Nombre	Apellido
1		
2		
3		

Me llamo Pedro. Pe, e, de, erre, o.

E. Ahora, deletrea tu nombre y tu apellido. Tu compañero toma nota.

UNIDAD **1** | **¿QUIÉN ERES?** | SECUENCIA **2**

1 ¿DE DÓNDE ERES?

A. Relaciona cada nacionalidad con su bandera.

a. canadiense (Canadá) ☐
b. argentino/argentina (Argentina) ☐
c. japonés/japonesa (Japón) ☐
d. español/española (España) ☐

1. 🇯🇵   2. 🇪🇸   3. 🇨🇦   4. 🇦🇷

B. Clasifica las nacionalidades anteriores. Con tu compañero, completa la información con tres nacionalidades más. `Ej. 2, p. 12`

Termina en –o/–a	Termina en consonante/+a	Termina en –ense/ No cambia
mexicano/ mexicana	francés/francesa	estadounidense

C. Busca tu nacionalidad en el diccionario y responde: ¿de dónde eres?

2 ¿QUÉ LENGUAS HABLAS?

A. Estas palabras también se usan en español. ¿Sabes de qué lenguas son? Completa con dos palabras de cada lengua.

 el árabe
▸ ....
▸ ....

 el japonés
▸ ....
▸ ....

 el francés
▸ ....
▸ ....

 el inglés
▸ ....
▸ ....

 el griego
▸ ....
▸ ....

 el italiano
▸ ....
▸ ....

programa, kimono, TELÉFONO, marketing, cero, WINDSURF, kárate, boutique, aceituna, sushi, aceite, chef, espagueti, problema, Ciao, restaurante, PIZZA, parking

B. Lee y responde: ¿qué lenguas hablan? Y tú, ¿qué lenguas hablas? `Ej. 3, p. 12`

Hola, soy Heike. Soy alemana y hablo alemán. También hablo inglés, un poco de francés y estudio español.

Hola, soy John. Soy canadiense. Hablo inglés y francés.

HABLAR
hablo
hablas
habla
hablamos
habláis
hablan

3 ¿POR QUÉ ESTUDIAS ESPAÑOL?

A. Observa las imágenes y elige tu opción.

a. Para viajar.

b. Porque me gustan las lenguas.

c. Para vivir en otro país.

d. Para trabajar.

e. Para hacer el examen DELE.

f. Porque mi novio es mexicano.

B. Pregunta a tus compañeros por qué estudian español y dibuja un gráfico con las razones más frecuentes. `Ej. 4, p. 12`

Usos de *porque/para*

- ***porque*** + causa/razón
  Estudio español porque mi novia es argentina.

- ***para*** + finalidad
  Estudio español para tener un buen trabajo.

4 CONOCE A TUS COMPAÑEROS

Muévete por el aula, pregunta a tus compañeros y haz una lista. `Ej. 5, p. 12`

- ▶ Saluda
- ▶ Pregunta: el nombre y el apellido, qué lenguas habla y las razones por las que estudia español.
- ▶ Despídete

AYUDA

◯ **Preguntar información personal**
- ¿Cómo te llamas?
- ¿De dónde eres?
- ¿Qué lenguas hablas?
- ¿Por qué estudias español?

UNIDAD 1 | ¿QUIÉN ERES? | SECUENCIA 3

TRABAJAR
trabajo
trabajas
trabaja
trabajamos
trabajáis
trabajan

1 ¿QUÉ HACES?

¿Conoces estas profesiones? Escribe cada una en el lugar adecuado.

policía | médica | informático | cantante | veterinaria | bombero | peluquero | ingeniero | actriz | enfermera

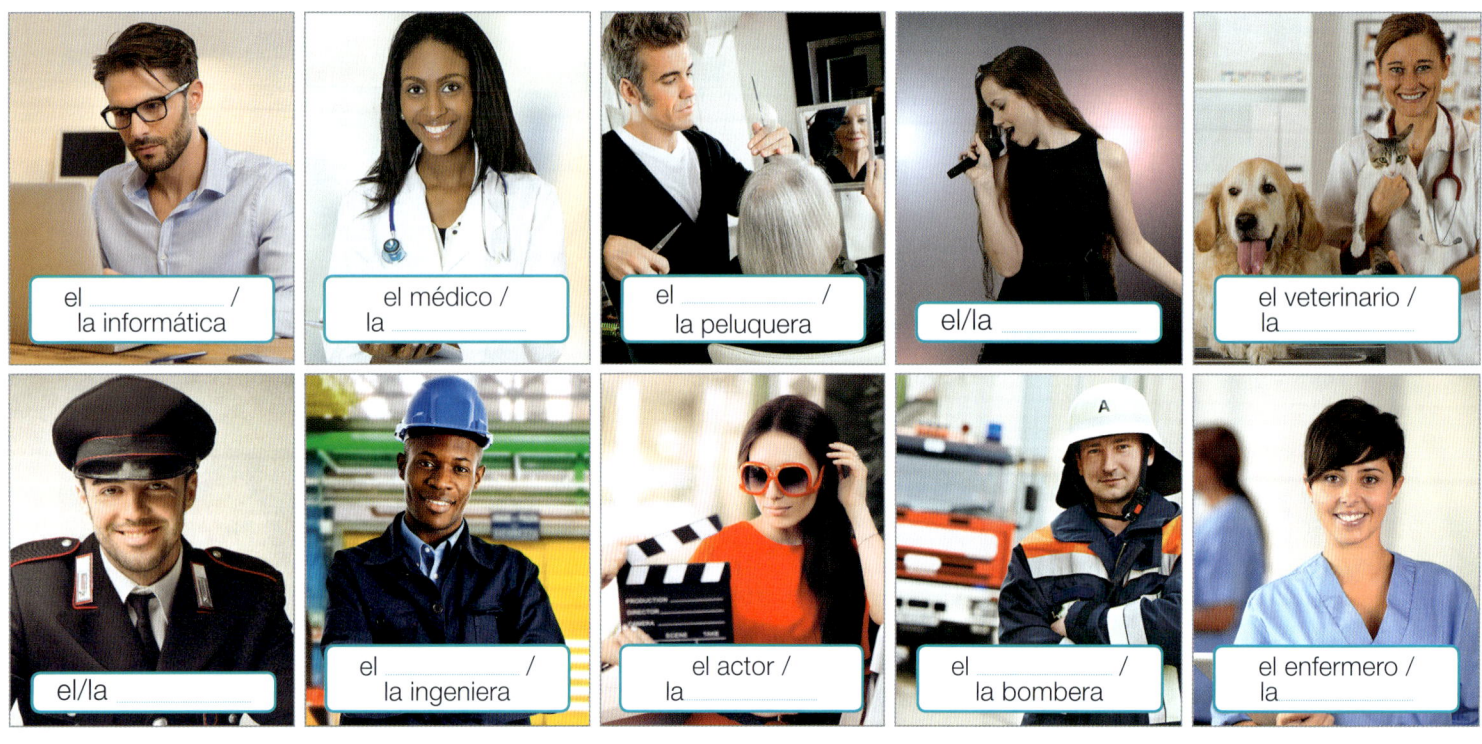

el _____ / la informática
el médico / la _____
el _____ / la peluquera
el/la _____
el veterinario / la _____
el/la _____
el _____ / la ingeniera
el actor / la _____
el _____ / la bombera
el enfermero / la _____

2 ¿CUÁL ES LA PROFESIÓN MÁS INTERESANTE?

A. Estas son las profesiones favoritas de los niños y las niñas españoles. Observa y luego completa el cuadro.

Ej. 6, p. 12

futbolista	18,2
policía	15,3
profesor	6,2
youtuber	4,5
bombero	4
informático	3,8
ingeniero	3,8
veterinario	3,4
médico	2,5
actor	2,1

Resultado de una encuesta a los niños

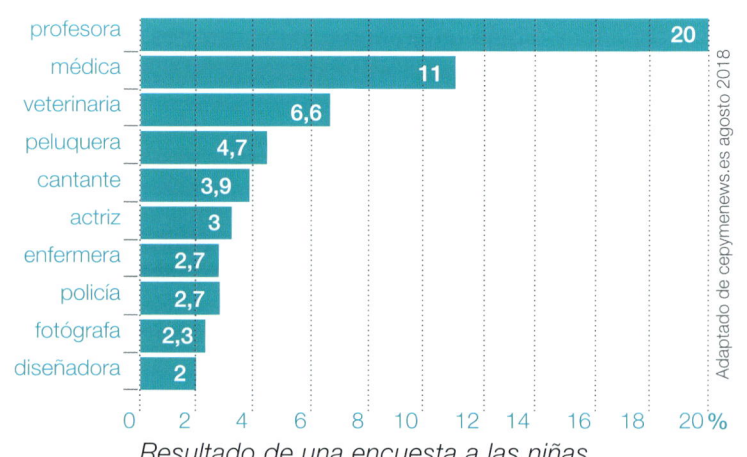

profesora	20
médica	11
veterinaria	6,6
peluquera	4,7
cantante	3,9
actriz	3
enfermera	2,7
policía	2,7
fotógrafa	2,3
diseñadora	2

Resultado de una encuesta a las niñas

Adaptado de cepymenews.es agosto 2018

Masculino y femenino de las profesiones

Termina en –o/–a	Termina en consonante/+a	Termina igual	Otros

B. Con tu compañero, decide cuál es la profesión más…

- interesante
- aburrida
- horrible

> La profesión más interesante es veterinario, porque trabajas con animales.

C. Pregunta a dos compañeros su profesión. *Ej. 7, p. 13*

AYUDA

➲ Preguntar la profesión
¿Qué haces?
Yo trabajo, soy fotógrafo.

3 ¿QUIÉNES SON ESTOS FAMOSOS?

A. ¿Conoces a estas personas? ¿Cómo se llaman? ¿Qué hacen? ¿De dónde son? Habla con tu compañero, como en el ejemplo. *Ej. 8 y 9, p. 13*

HABILIDADES DE APRENDIZAJE

Usar el diccionario es un buen recurso, pero primero trata siempre de comprender por el contexto o con la ayuda de otras lenguas.

FAMOSO
- Carlos Ruiz Zafón
- Garbiñe Muguruza
- Gael García Bernal

PROFESIÓN
- escritor/-a
- deportista
- actor/actriz

NACIONALIDAD
- venezolano/a y español/-a
- mexicano/a
- español/-a

– ¿Quién es el famoso **a**?
– Es Gael García Bernal.
– ¿Es cantante?
– No, no es cantante, es actor.
– ¿Y de dónde es?
– Es mexicano.

La negación

¿Eres español?
No. Soy francés.
¿Eres español?
No, no soy español.

a

b

c

B. Escucha a dos personas que hablan de estos famosos y comprueba tus respuestas.

C. En grupos, piensa en tres personas famosas (nombre y apellidos, profesión y nacionalidad). Después, habla con tu compañero y descubre quién es.

> Es española y es actriz.

> ¿Es Penélope Cruz?

> Sí.

UNIDAD 1 | ¿QUIÉN ERES? | EJERCICIOS

GRAMÁTICA Y LÉXICO

1 Responde a estos saludos y estas despedidas.

1. – ¡Hola, buenos días!
   – _____

2. – ¡Hola!, ¿qué tal?
   – _____

3. – ¡Hasta luego!
   – _____

4. – ¡Adiós, buenas tardes!
   – _____

5. – ¡Buenas noches!
   – _____

6. – ¡Adiós, hasta mañana!
   – _____

2 Escribe las nacionalidades.

1. Argentina _____
2. Japón _____
3. Venezuela _____
4. México _____
5. Estados Unidos _____
6. China _____
7. Francia _____
8. Italia _____

3 ¿Qué lenguas hablan en estos países? Relaciona.

Francia 1. ○   ○ a. alemán
China 2. ○   ○ b. portugués
Austria 3. ○   ○ c. árabe
Marruecos 4. ○ ○ d. chino
Canadá 5. ○   ○ e. español
Brasil 6. ○   ○ f. francés
Suiza 7. ○   ○ g. inglés y francés
Colombia 8. ○   ○ h. alemán, francés, italiano…

4 Completa con *para* o *porque*.

Muchas personas estudian español…

1. _____ viajar.
2. _____ vivir en otro país.
3. _____ su novio es español.
4. _____ su trabajo.
5. _____ vivir en Colombia.
6. _____ visitar a un amigo en México.

5 Completa este diálogo.

– ¡Hola!
– ¡Hola! ¿Qué _____?
– ¿Cómo _____ _____?
– _____ _____ Sonia, ¿y _____?
– David.
– ¿_____ estadounidense?
– No, _____ australiano. ¿Y tú, _____ dónde _____?
– De Estocolmo, soy sueca.

6 Completa con las profesiones que faltan.

Masculino singular	Femenino singular
cocinero	cocinera
	cantante
	arquitecta
médico	
	actriz
	tenista
camarero	
	profesora

12 | doce

7 Relaciona la persona con la forma verbal correspondiente.

Soy 1.
Se llama 2.
Trabajan 3.
Eres 4.
Nos llamamos 5.
Trabajas 6.
Sois 7.
Te llamas 8.
Trabajáis 9.
Somos 10.

a. Yo
b. tú
c. usted
d. nosotras
e. vosotros
f. ellas

8 Lee y subraya la opción correcta.

1. Ana es *español/española*.
2. John es *inglés/inglesa*.
3. María es *profesor/profesora*, y trabaja en *un banco/una escuela*.
4. Susana es *cantante/cantantes*.
5. Mary es *estadounidense/estadounidenses*.
6. Me llamo Laura, soy *francés/francesa* y soy *médico/médica*.

9 Completa usando la negación y el verbo *ser*.

1. – ¿Eres español?
   – ____, ____ ____ español. Soy colombiano.

2. – ¿Trabajas en una escuela?
   – ____. Trabajo en un banco.

3. – ¿Ana es profesora de español?
   – ____. Ana ____ profesora de francés.

4. – ¿Antonio es cocinero?
   – ____. Trabaja en un restaurante, pero ____ ____ cocinero. Es camarero.

CREA TU PROPIO
DICCIONARIO

Escribe las palabras de esta unidad.

01 Escribe el nombre de tres profesiones importantes para ti y dibuja un objeto que asocias con la profesión o la traducción a tu lengua.

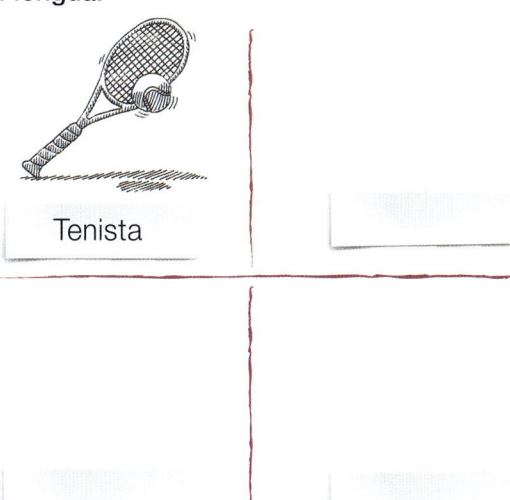

Tenista

02 Escribe dentro de las letras O todos los saludos y despedidas de la unidad.

EXPERIENCIA CULTURAL

Hispanoamérica, Iberoamérica y Latinoamérica no son lo mismo

La palabra *España* viene de Hispania, nombre romano de la península. **Hispanoamérica** son todos los países de América que hablan español. La palabra *Iberoamérica* viene de Iberia, nombre griego para llamar a toda la península: España y Portugal. Por lo tanto, **Iberoamérica** son todos los países americanos que hablan español o portugués. La palabra *Latinoamérica,* o **América Latina**, se utiliza por primera vez en el siglo XIX en Francia y son todos los países americanos que hablan español, portugués o francés. En realidad, solo son dos países más que en Iberoamérica, Haití y Guayana francesa.

El español en cifras

Según el Instituto Cervantes (2018), «más de 577 millones de personas hablan español en el mundo, de los cuales 480 millones lo tienen como lengua materna. El 7,6 % de la población mundial es hoy hispanohablante. Casi 22 millones de personas lo estudian en 107 países. El español es, además, la tercera lengua más utilizada en Internet».

Hablamos el mismo idioma

01 Lee y colorea:
- a. De un color, los países hispanoamericanos.
- b. De otro color, el único país que no es hispanoamericano, pero sí es iberoamericano.
- c. De otro color, los dos que solo son latinoamericanos.

02 ¿Cuál es la cifra total de hispanohablantes? ¿Y cuántas personas estudian español en el mundo?

03 Elige tres palabras españolas.

Sol y playa

MI EXPERIENCIA

Soy estudiante de español

★ Mi autorretrato, avatar o foto

★ Mi nombre, apellido, nacionalidad, profesión y las lenguas que hablo

★ Mis tres palabras en español

Utiliza cualquier material…

quince | 15

Unidad 2

¿Qué haces y cuándo?

OBJETIVO

Decir los horarios

PRAGMÁTICA
- Preguntar y decir la hora
- Comparar horarios
- Hablar de la rutina diaria

GRAMÁTICA
- Preposiciones de tiempo: *de… a; de/por* + parte del día
- *Antes/Después de* + infinitivo
- Los verbos regulares en presente: *-ar, -er, -ir*
- Los verbos reflexivos: *levantarse, ducharse, bañarse*

LÉXICO
- Los números hasta el 30
- Los días de la semana
- Las partes del día
- Las horas y los horarios

Mi experiencia
Completo mi agenda de lunes a viernes

Las rutinas

A. Observa y relaciona con las fotos.

- [ ] Trabajar
- [ ] Leer el periódico
- [ ] Tomar un café
- [ ] Correr por el parque
- [ ] Practicar yoga
- [ ] ....
- [ ] ....

B. ¿Normalmente haces estas actividades? Márcalas y añade otras dos.

UNIDAD **2** | **¿QUÉ HACES Y CUÁNDO?** | SECUENCIA **1**

1 ¿QUÉ HORA ES?

A. Observa y, con un compañero, completa este reloj.
Ej. 1, p. 24

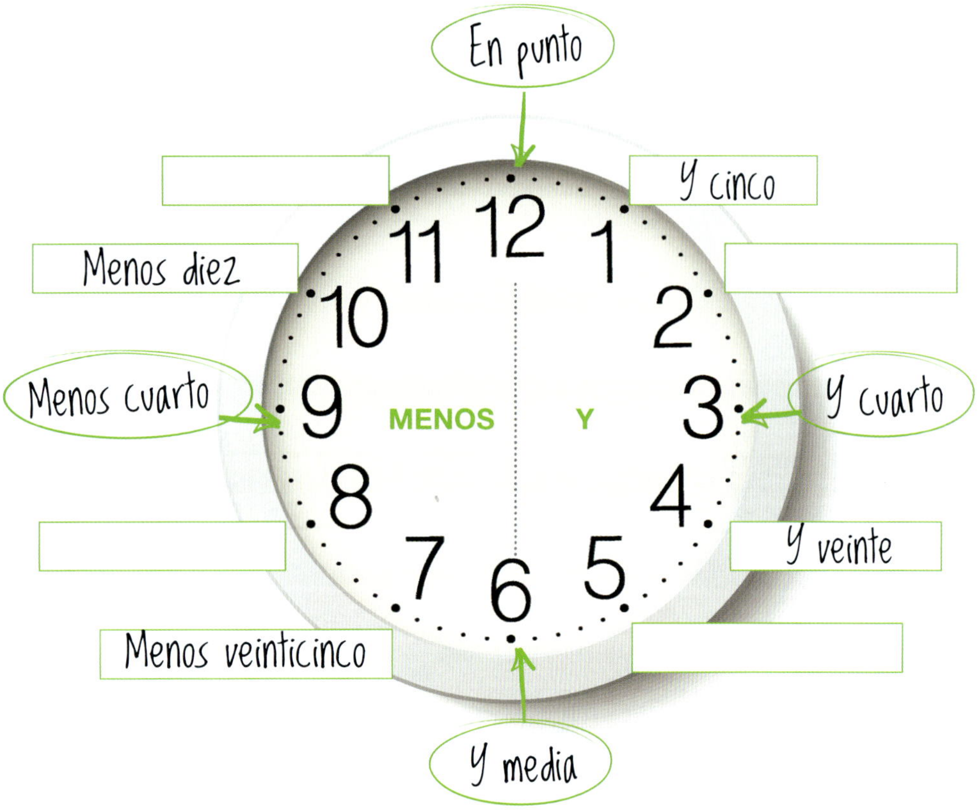

En punto
Y cinco
Menos diez
Menos cuarto
MENOS Y
Y cuarto
Y veinte
Menos veinticinco
Y media

06:15 — Son las seis y cuarto.

13:30 — Es la una y media.

AYUDA

➲ Decimos...
 - La una **de** la tarde.
 - Las once **de** la mañana.
 - Las cuatro **de** la tarde.
 - Las doce **de** la noche.

➲ En España, *mediodía* es de 13:00 a 15:00.

AYUDA

➲ **Los números del 1 al 30**

1 uno	7 siete	13 trece	19 diecinueve	25 veinticinco
2 dos	8 ocho	14 catorce	20 veinte	26 veintiséis
3 tres	9 nueve	15 quince	21 veintiuno	27 veintisiete
4 cuatro	10 diez	16 dieciséis	22 veintidós	28 veintiocho
5 cinco	11 once	17 diecisiete	23 veintitrés	29 veintinueve
6 seis	12 doce	18 dieciocho	24 veinticuatro	30 treinta

B. ¿Conoces estos famosos relojes? Observa y escribe qué hora es.

Puerta del Sol, Madrid

Big Ben, Londres

Torre del Salvador, Moscú

Edificio Ferry, San Francisco

2 ¿A QUÉ HORA ABREN?

A. Observa los carteles y relaciona con el nombre del establecimiento.

◯ un gimnasio | un restaurante ◯
◯ una tienda de ropa | un centro comercial ◯

B. ¿A qué establecimientos se refieren estas frases?

a. Están abiertos el domingo por la tarde.
b. Está cerrado de 14:00 a 17:00 de la tarde.
c. Están abiertos a mediodía.
d. Están cerrados a las 23:00 de la noche.

AYUDA

🔓 está abierto ≠ está cerrado 🔒

C. Observa las frases anteriores y completa para descubrir las preposiciones. Ej. 2, p. 24

Expresiones de tiempo

- Está abierto ☐ la mañana.
- Está abierto ☐ 9:00 ☐ 20:00.
- Está cerrado ☐ mediodía.
- Está cerrado a las 20:30 ☐ la tarde.

E. Escucha los diálogos. Escribe qué hora es. Después, responde a la pregunta.

4
a. - Son las ☐:☐ ¿A qué hora sale el autobús?
 - A las ☐:☐
b. - Son las ☐:☐ ¿A qué hora está abierto el museo?
 - A las ☐:☐
c. - Son las ☐:☐ ¿A qué hora tienen la reserva?
 - A las ☐:☐
d. - Son las ☐:☐ ¿A qué hora está abierta la tienda?
 - A las ☐:☐

D. Mira los carteles y completa los días de la semana.

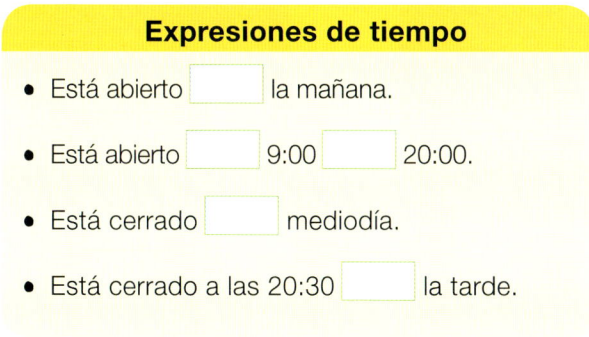

F. ¿Y en tu país? ¿Los horarios son similares o diferentes? Habla con tu compañero.

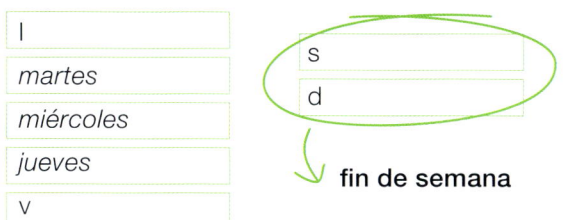

Aquí las tiendas están abiertas a la una y en mi país...

UNIDAD 2 | ¿QUÉ HACES Y CUÁNDO? | SECUENCIA 2

1. ¿QUÉ HACES NORMALMENTE?

A. Tres personas hablan de sus costumbres. Lee y adivina su profesión. *Ej. 3, p. 24*

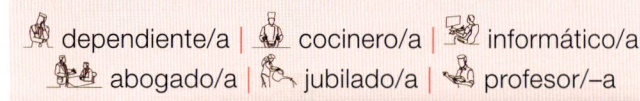

dependiente/a | cocinero/a | informático/a
abogado/a | jubilado/a | profesor/–a

a María Luisa Montero

b Paula Herrero

c José Luis Garrido

Mi marido y yo tenemos una vida ordenada. Desayunamos a las 9:00 y comemos a las 14:00. Cenamos a las 21:00 y, después de cenar, vemos la tele. Los viernes merendamos con amigos en una cafetería. Los fines de semana comemos tarde, a las 15:00, porque nuestro hijo come con nosotros.

Yo trabajo en casa. Desayuno pronto, a las 7:30. A las 13:00 como y, después, trabajo hasta las 18:00 o 19:00. Ceno sola, a las 20:30, porque mi pareja vive en otra ciudad. Los fines de semana estamos juntos y desayunamos tarde, a las 10:00. El viernes o el sábado cenamos con amigos en un restaurante.

Yo trabajo en el centro de la ciudad, pero vivo lejos. Por la mañana, antes de ir a trabajar, a las 8:00, desayuno en casa un café. A media mañana, tomo un bocadillo y otro café en una cafetería. A mediodía, la tienda está cerrada de 13:30 a 15:30. Mis compañeros y yo comemos en un restaurante cerca del trabajo.

B. Relaciona cada verbo con el momento del día.

- desayunar ○
- comer ○
- merendar ○
- cenar ○

- ○ a mediodía
- ○ por la mañana
- ○ por la noche
- ○ por la tarde

AYUDA

➲ *Jubilado/a*: persona de 65 años o más que ya no trabaja.

Antes y después

antes de/después de + infinitivo
Yo desayuno *antes de* ir a la universidad.
Yo desayuno *después de* ducharme.

C. Ahora, vuelve a leer los textos y compara las rutinas.

a. ¿Quién desayuna antes y a qué hora?
b. ¿Quién come después y a qué hora?
c. ¿Quién merienda? ¿Cuándo?
d. ¿Quién cena con amigos?

D. Busca en los textos anteriores las formas que faltan y completa la tabla.

Ej. 4 y 5, p. 24

	CENAR	COMER	VIVIR
yo			
tú	cenas	comes	vives
él, ella, usted	cena		
nosotros/as			vivimos
vosotros/as	cenáis	coméis	vivís
ellos, ellas, ustedes	cenan	comen	viven

> **HABILIDADES DE APRENDIZAJE**
>
> Las terminaciones de los verbos cambian según la persona. Busca técnicas para recordar: resaltar con colores o asociar personas y terminaciones: *yo* termina en *-o*, *tú* lleva siempre una *-s*.

E. Escribe seis actividades que haces normalmente y a qué hora. Compara con tu compañero.

a. _____
b. _____
c. _____
d. _____
e. _____
f. _____

2 ¿CUÁNDO HACES ESTAS ACTIVIDADES?

Pregunta a un compañero si hace estas actividades y cuándo, como en el ejemplo.
Escribe las actividades en común.

Marie y yo desayunamos a las 7:00 en casa.

¿Desayunas en casa? ¿A qué hora?

Sí, desayuno a las 6:30, antes de ir a trabajar.

	¿Qué?	¿Sí o no?	¿A qué hora?
a.	Desayunar en casa	Sí	A las siete
b.	Tomar un aperitivo antes de comer		
c.	Comer en casa		
d.	Tomar café		
e.	Comprar comida		
f.	Practicar deporte		
g.	Cenar con los amigos		
h.	Escribir correos		

UNIDAD 2 | ¿QUÉ HACES Y CUÁNDO? | SECUENCIA 3

1 MOMENTOS DE RELAJACIÓN

A. ¿Cuál es su momento más relajado del día? Mira estas entradas de Instagram y relaciona las fotos con las frases.

- [ ] Por la mañana, cuando me ducho.
- [ ] Cuando ceno con mi familia.
- [ ] Los jueves, en clase de ritmos latinos.
- [ ] Por la tarde, con las amigas en una cafetería.
- [ ] El domingo, cuando me levanto tarde y desayuno en la cama.
- [ ] Cuando me baño y escucho música clásica.
- [ ] Por la noche, en la cama y con un libro.

a. Jesús — Madrid, España — 1,067 Me gusta — jesus#Elmomentomásrela
b. Ana — Murcia, España — 87 Me gusta — anuska#Elmomentomásrelajado
c. Isabel — Bilbao, España — 501 Me gusta — Isabelita#Elmomentomásrelajado
d. Marta — Barcelona, España — 345 Me gusta
e. Alberto — Valencia, España — 120 Me gusta — alberto465#Elmomentomásrelajado
f. Juan — Toledo, España — 70 Me gusta — Juan321#Elmomentomásrelajado
g. Carlos — Málaga, España — 750 Me gusta — carlos99#Elmomentomásrelajado

B. Observa, localiza en las frases anteriores tres verbos reflexivos y subráyalos. Luego, completa. **Ej. 6, p. 25**

	LEVANTARSE		DUCHARSE		BAÑARSE	
yo	Me					baño
tú	Te	levantas				
él, ella, usted	Se		Se	ducha		
nosotros/as	Nos		Nos	duchamos	Nos	bañamos
vosotros/as	Os		Os	ducháis		
ellos, ellas, ustedes	Se				Se	bañan

22 | veintidós

C. Escucha esta entrevista a tres personas que hablan de sus momentos relajados.

5
   a. Relaciona las fotos con los diálogos.

   b. Escucha otra vez y anota qué hace cada uno para relajarse.

foto	¿Qué hace para relajarse?
1	
2	
3	

2 OTRAS FORMAS DE RELAJARSE

¿Qué otras actividades podemos hacer para relajarnos en nuestra rutina? Habla con tu compañero y encuentra tres actividades que puedes hacer con él o ella. Ej. 7, p. 25

AYUDA
- Igual o diferente:
  - 🎵 Yo escucho música.
  - 👍 Yo también.
  - 👎 Yo no.

¿Qué haces tú para relajarte?

Yo practico yoga.

Ah, yo también.

Yo veo series de televisión.

Pues yo no.

UNIDAD 2 | ¿QUÉ HACES Y CUÁNDO? | EJERCICIOS

GRAMÁTICA Y LÉXICO

1 Escribe la hora.

Es la… Son las…

1. _____

2. _____

3. _____

4. _____

2 Completa estas frases con las preposiciones *de*, *a* y *por*.

1. Trabajo ____ 9:00 ____ 13:00 y ____ 15:00 ____ 19:00.
2. Los bancos están cerrados los sábados ____ la tarde y los domingos.
3. Leo el periódico ____ la mañana, cuando desayuno.
4. El curso de cocina empieza ____ las ocho y media ____ la tarde.
5. ____ mediodía, como en un restaurante con los compañeros de trabajo.
6. ____ mediodía, ____ las 14:00, tomamos algo: una fruta o un bocadillo.

3 Relaciona las palabras.

estudiar 1. ○   ○ a. en un banco
merendar 2. ○   ○ b. correos
comer 3. ○   ○ c. comida, ropa…
trabajar 4. ○   ○ d. un café
escribir 5. ○   ○ e. en una cafetería
tomar 6. ○   ○ f. a las dos de la tarde
comprar 7. ○   ○ g. en la universidad
cenar 8. ○   ○ h. por la noche

4 Completa la conjugación de estos verbos.

	TOMAR	DESAYUNAR
yo		desayuno
tú		
él, ella, usted	toma	
nosotros/as		desayunamos
vosotros/as		
ellos, ellas, ustedes	toman	

	LEER	BEBER
yo		
tú		bebes
él, ella, usted	lee	
nosotros/as		bebemos
vosotros/as	leéis	
ellos, ellas, ustedes	leen	

	ABRIR	ESCRIBIR
yo	abro	escribo
tú	abres	
él, ella, usted		
nosotros/as		
vosotros/as		escribís
ellos, ellas, ustedes		

5 Escribe la forma correcta de estos verbos.

1. bailar (yo): _____
2. ducharse (ella): _____
3. leer (vosotras): _____
4. bañarse (ellos): _____
5. comer (vosotros): _____
6. organizar (tú): _____
7. escribir (vosotros): _____
8. cenar (yo): _____
9. lavarse (nosotros): _____
10. correr (tú): _____
11. levantarse (ella): _____
12. vivir (nosotros): _____

6 **Cambia el texto de la rutina de Javier de primera (*yo*) a tercera persona (*él*).**

Me levanto a las 6:30 de la mañana.
_____
_____

Trabajo de 7:00 a 15:30.
_____

Por la tarde, estudio un máster a distancia.
_____

A las 8 de la tarde, estudio inglés.
_____

Ceno en casa y, después, leo o veo la tele.
_____

7 **Reacciona con *Yo también, Yo no*.**

1. Yo estudio español.
_____

2. Nosotros practicamos yoga.
_____

3. Me levanto temprano.
_____

4. Me baño por las noches.
_____

5. Desayunamos café.
_____

6. Yo escribo un *e-mail*.
_____

7. Yo duermo la siesta.
_____

CREA TU PROPIO
DICCIONARIO

Elabora una infografía
con palabras de esta unidad.

Crea tu propia infografía con el vocabulario de actividades cotidianas. Aquí tienes una idea.

✱ partes del día
_____
_____
_____

✱ días de la semana
_____
_____
_____
_____
_____

✱ comidas de un día
_____
_____
_____

✱ actividades de tu rutina
_____
_____
_____
_____

EXPERIENCIA CULTURAL

¿Cómo son los horarios de los españoles?

Compras

Las tiendas y los supermercados están abiertos a mediodía, pero en las ciudades pequeñas normalmente están cerrados de 14:00 a 17:00. En los centros comerciales las tiendas están abiertas de lunes a sábado todo el día. En las grandes ciudades, los centros comerciales también están abiertos los domingos.

Comidas

De lunes a viernes, por la mañana, desayunamos un café con leche, chocolate con galletas o cereales. A media mañana, a las 11:00, tomamos fruta o un bocadillo. La comida principal es a mediodía. Comemos entre las 13:30 y las 15:00 en casa o en un restaurante. Los niños, después del colegio, a las 17:00 o 17:30 meriendan fruta o un bocadillo. De lunes a viernes cenamos a las 21:00, pero los fines de semana la cena es más tarde.

Trabajo

Los españoles trabajamos cuarenta horas semanales. Hay horarios diferentes, por ejemplo: horario partido (cinco horas por la mañana y tres horas por la tarde, con una pausa a mediodía de 14:00 a 16:00). También hay horario intensivo, como en los bancos o las oficinas públicas, de 7:30 a 15:30.

---

01 Lee los textos y elige la respuesta correcta.

a. Los españoles trabajan…
1. cuarenta horas.
2. treinta y cinco horas.

b. *Horario partido* significa trabajar…
1. por la mañana y por la tarde, con una pausa a mediodía.
2. solo por la mañana o por la tarde.

c. La comida principal es…
1. por la noche.
2. a mediodía.

d. Una actividad física es…
1. aprender un idioma.
2. ir al gimnasio.

02 ¿Cómo es en tu país? Compara con los hábitos en España.

a. … desayunan poco. *En mi país…*
b. … comen algo a media mañana.
c. … los niños meriendan por la tarde, después de la escuela.
d. … cenan a las nueve.
e. … comen más tarde los fines de semana, sobre las tres.
f. … comen entre la una y media y las tres.

MI EXPERIENCIA

Tiempo libre

Después de trabajar o estudiar, hay españoles que practican actividades físicas como ir al gimnasio, hacer yoga, ir a clases de baile, etc. Hay personas que estudian idiomas (inglés y alemán) y también hay españoles que toman un café, un refresco o cenan con amigos.

Por la noche, en casa, después de cenar, vemos la televisión o nos conectamos a las redes sociales.

> Completo mi agenda de lunes a viernes

✳ Escribe o dibuja las actividades que haces durante la semana, y a qué hora.

HORARIO

	Lunes	Martes	Miércoles	Jueves	Viernes
Por la mañana					
Por la tarde					
Por la noche					

Utiliza cualquier material…

Unidad

3

¿Dónde vives?

OBJETIVO

Hablar del barrio donde vives

PRAGMÁTICA
- Hablar de un barrio o una ciudad
- Pedir y dar información sobre direcciones y distancias
- Describir una vivienda

GRAMÁTICA
- Los interrogativos *qué, cómo...*
- Los usos de *es, hay* y *está*
- Los artículos: *el, la, los, las; un, una, unos, unas*
- Los ordinales: *primero, segundo...*
- Las preposiciones y adverbios de lugar: *aquí, cerca, lejos...*

LÉXICO
- Los tipos de barrios
- Las características de un barrio
- La casa y los muebles
- Los tipos de viviendas

Mi experiencia
Describo cómo es mi barrio

Un paseo por España e Hispanoamérica

A. Pasea por algunos de los barrios más bonitos y relaciona cada foto con su descripción.

- **a.** El barrio de La Boca, en Buenos Aires (Argentina), es un barrio popular, con casas de colores.
- **b.** El Barrio Gótico de Barcelona (España) es un lugar céntrico, con edificios e iglesias medievales.
- **c.** Las casas de colores de la zona histórica de la ciudad Puerto de Valparaíso (Chile) están en colinas.
- **d.** En el barrio de la judería de Córdoba (España) hay calles pequeñas con flores y casas blancas.
- **e.** La Habana Vieja (Cuba) es la zona más antigua de la ciudad. Hay mucha vida y coches antiguos.
- **f.** En el mágico barrio de Coyoacán (Ciudad de México), de casas amarillas, está la casa de Frida Kahlo.

B. Comenta en clase: ¿cuál te gusta más? ¿Por qué? ¿Conoces alguno?

UNIDAD 3 | ¿DÓNDE VIVES? | SECUENCIA 1

ESTAR

estoy
estás
está
estamos
estáis
están

1 BARRIOS DE MADRID

A. Lee y relaciona estos barrios de Madrid con su descripción.

a

c

d

b

e

1 La **zona norte** es un barrio de negocios: altos edificios y nueva arquitectura. Está bien comunicado y hay restaurantes funcionales para los profesionales.

2 Más al sur está **La Latina**, un barrio muy popular: hay pequeñas tiendas, casas de colores, gente por las calles, música y mucho ruido. También hay vida nocturna.

3 En el este está el barrio de **Salamanca**, el más elegante de la ciudad. Hay edificios muy bonitos, iglesias, tiendas de moda caras y buenos restaurantes.

4 Junto al barrio de Salamanca está el **Retiro**, un barrio residencial y elegante con un gran parque, donde pasean madrileños y turistas.

5 El **centro histórico** es un barrio muy turístico. Allí están la Puerta del Sol, el Palacio Real y la Plaza Mayor, con edificios antiguos.

B. Relaciona.

a. El barrio histórico…
b. El barrio de La Latina…
c. El barrio de Salamanca…
d. El Retiro…
e. La zona de negocios…

○ 1. está en el sur.
○ 2. están en el este.
○ 3. está en el norte.
○ 4. está en el centro.

Usos de *estar*

Para situar un lugar, se utiliza ***estar*** + expresión de lugar.

Madrid está en el centro de España.

C. Cuando viajas, ¿qué te interesa de una ciudad? Márcalo. Puedes añadir más.

☐ El barrio comercial, para ir de compras.
☐ El barrio financiero, porque hay edificios modernos.
☐ El centro histórico, porque hay edificios antiguos.
☐ Los parques, para hacer deporte y pasear.
☐ Los barrios populares, porque allí veo cómo viven las personas.
☐ Los mercados, para saber qué comen y cómo viven sus ciudadanos.

2. ¿CÓMO ES TU BARRIO?

A. En esta web, se describen dos barrios de Madrid: La Latina y Retiro. Lee y di qué aspectos te gustan de cada uno. Decide, con tu compañero, cuál prefieres visitar y por qué.

INICIO | PORTFOLIO | ACERCA DE | AYUDA | TIENDA | SOPORTE

La Latina está cerca de la Puerta del Sol, al sur. Es un barrio con historia. Las calles son pequeñas y hay edificios antiguos. Es un barrio ruidoso, porque hay mucho ambiente de día y de noche. Hay terrazas y bares de tapas. Los domingos, puedes visitar El Rastro, un mercadillo de cosas baratas de segunda mano.

El barrio de Retiro está muy bien comunicado: está la estación de trenes de Atocha, el metro y autobuses. En este barrio está el Parque del Retiro, ideal para practicar deporte. Hay tres museos: el Museo del Prado, el Reina Sofía y el Thyssen. En este barrio, hay restaurantes caros. Está cerca de la Gran Vía, donde hay edificios bonitos y muchas tiendas.

B. Relaciona estas frases del texto de La Latina. Luego, busca otros ejemplos en el texto del Retiro. **Ej. 1, p. 36**

1. ¿**Cómo** es?   Existencia   a. **Está** cerca de la Puerta del Sol.
2. ¿**Qué** hay?   Lugar   b. **Es** un barrio con historia.
3. ¿**Dónde** está?   Descripción   c. **Hay** edificios antiguos.

Los interrogativos

- **Cómo** para describir.
- **Qué** para identificar cosas y objetos.
- **Dónde** para saber un lugar.

C. ¿Con qué tipo de barrio asocias cada característica? ¿En cuál prefieres vivir? Habla con tu compañero. **Ej. 2, p. 36**

	en el centro	a las afueras
Las calles son pequeñas.	☐	☐
Los edificios son modernos.	☐	☐
Es tranquilo.	☐	☐
Es un barrio multicultural.	☐	☐
Está bien comunicado.	☐	☐
Hay edificios antiguos.	☐	☐
Es un barrio ruidoso.	☐	☐

Prefiero vivir en un barrio a las afueras porque es tranquilo.

UNIDAD 3 | ¿DÓNDE VIVES? | SECUENCIA 2

1 TOMAS LA TERCERA CALLE A LA DERECHA

A. Observa el plano de La Colonia Polanco, un barrio de una capital hispanoamericana. ¿Cómo se llama esta capital? ¿Qué país es?

B. Completa con los ordinales que faltan y las calles del plano.
Ej. 3 y 4, p. 36

primera | séptima | novena | tercera | quinta

1.ª La [ ] calle → Arquímedes
2.ª La segunda calle → [ ]
3.ª La [ ] calle → Galileo
4.ª La cuarta calle → Aristóteles
5.ª La [ ] calle → Eugenio Sue
6.ª La sexta calle → [ ]
7.ª La [ ] calle → Alejandro Dumas
8.ª La octava calle → [ ]
9.ª La [ ] calle → Anatole France
10.ª La décima calle → [ ]

Los ordinales

1.º Es **el primer** país.
Es *el primero*.

1.ª Es **la primera** ciudad.
Es *la primera*.

2.º Es **el segundo** país.
Es *el segundo*.

2.ª Es **la segunda** ciudad.
Es *la segunda*.

3.º Es **el tercer** país.
Es *el tercero*.

3.ª Es **la tercera** ciudad.
Es *la tercera*.

Cuando *primero* y *tercero* están delante de un nombre masculino, se cambian a *primer* y *tercer*.

C. Lee el texto y elige la opción correcta.

México *es/está* el *primer/primero* país hispano por número de habitantes y el *décima/décimo* país del mundo, con casi 124 millones de personas, pero no *es/está* el país más grande. El país hispano más grande *es/está* Argentina. *Es/Está* en el norte de América, al sur de los Estados Unidos.

La capital de México, Ciudad de México, *es/está* la *tercer/tercera* ciudad más grande del mundo, después de Tokio y de Seúl. Tiene 22 millones de habitantes y *es/está* la *primera/primero* capital hispana.

La Colonia Polanco *es/está* un barrio residencial de Ciudad de México. *Es/Está* en el norte de la ciudad y *es/está* un barrio con muchos atractivos: cines, teatros, restaurantes. La calle más importante es la avenida Presidente Masaryk. Aquí *es/está* el restaurante Dulce Patria.

2 PERDONE, ¿SABE DÓNDE ESTÁ?

A. Tres amigos van al restaurante La Dulce Patria. Lee y observa el plano para identificar quiénes son Carmen, Pedro y Vanesa.

 Carmen

 Pedro

 Vanesa

– Está un poco **lejos de aquí**. Todo recto. La cuarta calle a la izquierda. **En la esquina**.

– Sigue **todo recto** por la calle Anatole France. Está **al final** de la calle. **Al lado de** una farmacia.

– Sigues **unos 10 minutos** por la calle Emilio Castelar. Tomas **la tercera calle** a la derecha, la calle Oscar Wilde. Y está al final.

B. Fíjate en los textos anteriores y completa la información con las preposiciones que faltan.
Ej. 5 y 6, p. 36

Hablar de direcciones y distancias

- **Informa de la dirección**

  Todo recto - - →

  ☐ la derecha / A la izquierda

  Al lado ☐

  ☐ final de

  ☐ la esquina

- **Informa de las distancias**

  Está ☐ unos 10 minutos a pie.

  Está lejos O ←——→ O

  Está cerca OO

C. Localiza en el plano los siguientes lugares y comenta con tu compañero dónde están.

a. Librerías Gandhi
b. Metro Polanco
c. Plaza Arquímedes
d. Teatro Ángela Peralta

Las librerías Gandhi están en la Avenida Presidente Masaryk, en la esquina con la calle Alfredo de Musset.

Uso de *estar*

Para situar lugares conocidos, usamos artículo determinado + nombre + **estar**
La plaza *está en el noreste de la ciudad.*

Artículo determinado

	Masculino	Femenino
Singular	el	la
Plural	los	las

D. Sitúate en 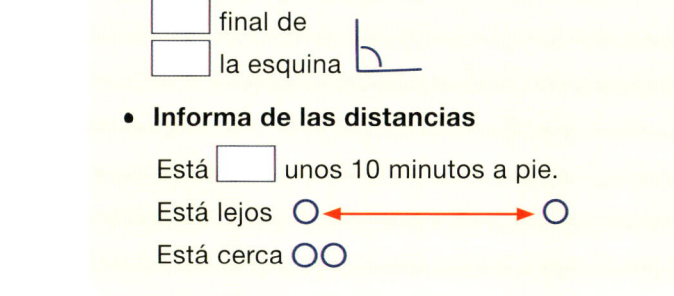. Escucha las indicaciones del GPS y descubre dónde te lleva. Escribe los destinos:

6

a. _____

b. _____

c. _____

E. Juega con tu compañero al GPS. Observa el plano y piensa en un destino secreto. Tu compañero se sitúa en el plano y tú le das indicaciones, como un GPS, hasta llegar a tu destino.

UNIDAD 3 | ¿DÓNDE VIVES? | SECUENCIA 3

1 ¿DÓNDE VIVES?

A. Observa los servicios de un barrio. Añade dos más y dibuja un símbolo para ellos. `Ej. 7, p. 37`

- estación de metro
- centro comercial
- supermercado
- aparcamiento
- parque
- oficina de información
- ayuntamiento
- teatro
- cajero automático
- parada de autobús
- tienda
- restaurante
- colegio
- hospital
- bar
- biblioteca
- cine
- farmacia

B. Una vecina vive en el centro y opina sobre su barrio. Escucha y completa con los servicios adecuados. `Ej. 8, p. 37`

7
– ¿Está contenta con su barrio?
– Sí, en general, pero siempre hay cosas que necesitamos. Por ejemplo, hay tres 1 _____ para niños, pero no hay 2 _____ para consultar libros.
– ¿Y hay oferta de ocio?
– Sí, sí. Hay un 3 _____ con películas actuales. También hay diferentes 4 _____ para comer o tomar algo, hay 5 _____ pequeñas de alimentación, pero no hay 6 _____ .
– ¿Y espacios verdes?
– Bueno, hay un 7 _____ muy grande para niños y mayores.
– ¿Y servicios sanitarios?
– Pues hay tres 8 _____ para comprar medicinas y un centro de salud, pero no hay 9 _____ .
– ¿Y los transportes?
– Bueno, hay 10 _____ , pero no hay 11 _____ y yo, la verdad, prefiero el metro.

Artículo indeterminado

	Masculino	Femenino
Singular	**un**	**una**
Plural	**unos**	**unas**

C. Ahora, busca ejemplos en el texto y completa la información sobre los usos de *hay*.

Usos de *hay*

Para expresar la existencia se utiliza

Hay + artículo indeterminado: _____

Hay + nombre en plural: _____

Vivo en un barrio moderno y en mi calle hay un....

D. Explica a tu compañero dónde vives y qué hay en tu barrio.

2 ¿CÓMO ES TU CASA?

A. Mira los anuncios y decide qué vivienda es la ideal para estas personas y por qué.

a. Una pareja
b. Una persona sola
c. Una familia con un hijo
d. Tres amigas

> ⊃ Usamos la palabra *habitación*
> - Para hablar de los espacios de una vivienda.
>   *El salón y el dormitorio son habitaciones de una casa.*
> - Como sinónimo de *dormitorio*.
>   *En mi habitación hay dos camas.*

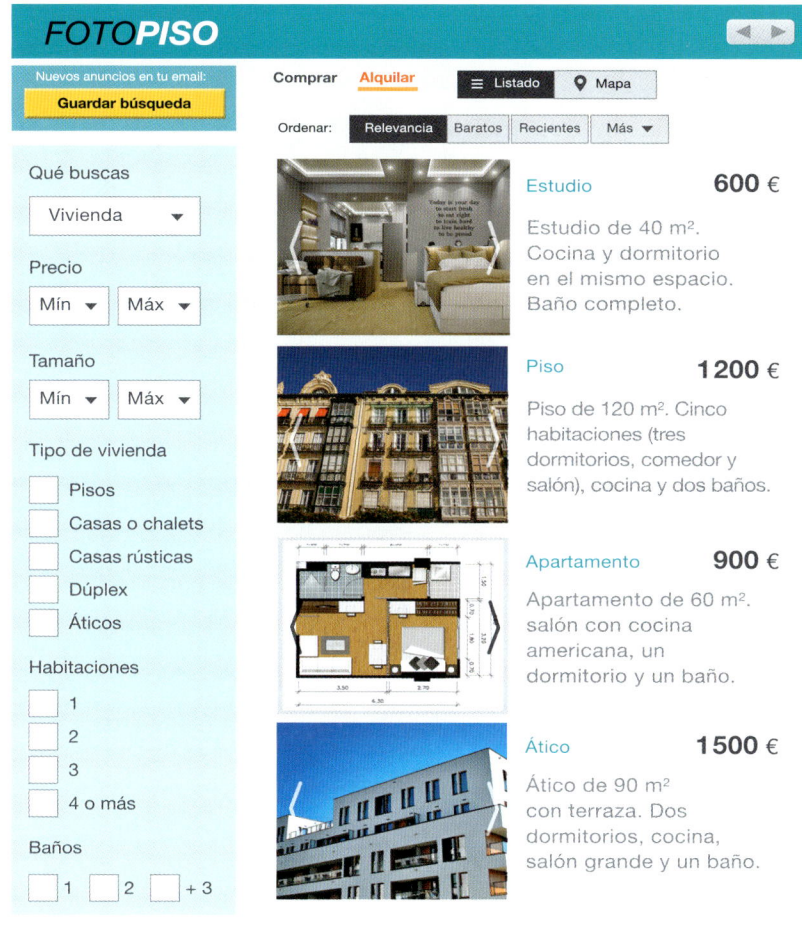

C. Lee este anuncio y responde las preguntas.

PISO EN SANTANDER
Referencia: 300B

Descripción general:
Piso ideal para las vacaciones en familia (cuatro personas). Es muy tranquilo, céntrico y luminoso. En el piso hay una terraza, tres dormitorios con cinco camas y dos armarios, dos baños, un salón comedor con un sofá, una mesa, seis sillas y una cocina grande.

Situación:
El piso está en el centro de la ciudad y no está muy lejos de la playa. Está cerca de la estación de autobuses. En el barrio hay un mercado y muchas tiendas. También hay cafés, restaurantes y un cine.

1. ¿Cómo es?
2. ¿Dónde está?
3. ¿Qué hay?

B. Busca en los anuncios las partes de la casa donde podemos...

a. cocinar *en la cocina*
b. dormir
c. tomar el sol
d. ducharse
e. comer
f. ver la tele

D. Estos son los muebles que hay en el piso del anuncio. Marca los que hay en tu dormitorio.

la mesa · la cama · la silla · el armario · la lámpara · el sofá

E. Tu compañero quiere alquilar tu piso: escribe un anuncio. ¿Tiene toda la información que necesita?

UNIDAD 3 | ¿DÓNDE VIVES? | EJERCICIOS

GRAMÁTICA Y LÉXICO

1. Completa las preguntas.

1. – ¿_____ está el parque?
   – Está en el centro.
2. – ¿_____ hay en tu barrio?
   – Hay parques y jardines.
3. – ¿_____ se llama tu barrio?
   – Se llama La Latina.
4. – ¿_____ son los edificios en el centro?
   – Son muy antiguos.

2. Completa con los verbos *estar*, *haber* o *ser*.

1. El barrio del Retiro _____ bien comunicado.
2. _____ un barrio residencial céntrico.
3. El Retiro no _____ un barrio comercial.
4. En este barrio _____ muchos museos.
5. En este barrio _____ el parque del Retiro.
6. Las calles _____ grandes.

3. Subraya la opción correcta.

1. ¿La plaza Mayor? Sí, sigue por esta calle y toma la *primer/primera* calle a la derecha.
2. *Primer/Primero*, vas todo recto. Luego, a la izquierda.
3. En esta calle hay dos restaurantes. El *primer/primero* restaurante no es bueno.
4. Este es el *tercer/tercero* parque de este barrio. El *primer/primero* es el parque Lincoln.
5. Tomas la *tercer/tercera* calle a la izquierda.

4. Escribe estos números ordinales en masculino o femenino.

1.º _____   6.º _____
2.ª _____   7.ª _____
3.ª _____   8.º _____
4.º _____   9.ª _____
5.º _____   10.ª _____

5. Escribe debajo de las imágenes su significado.

a la derecha | en la esquina | todo recto
lejos | a la izquierda | cerca

1. _____

2. _____

3. _____

4. _____

5. _____

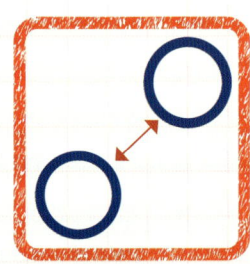
6. _____

6. Completa con las preposiciones correctas: *a*, *en*, *de* o *por*.

1. El gimnasio está _____ una esquina.
2. El mercado está cerca _____ la plaza.
3. La farmacia no está lejos. Está _____ aquí.
4. El museo está lejos _____ la biblioteca.
5. El teatro está _____ la izquierda de la escuela.
6. El metro está _____ aquí, cerca.

7 Clasifica estas palabras en singular y plural. Después, escribe el artículo como en el ejemplo.

biblioteca | museos | farmacias
edificios | cine | tiendas | teatro
cafetería | jardín | servicios

Singular		Plural	
plaza	una/la plaza	bares	unos/los bares
_____	_____	_____	_____
_____	_____	_____	_____
_____	_____	_____	_____
_____	_____	_____	_____
_____	_____	_____	_____

8 Completa con el artículo adecuado si es necesario.

1. En los barrios antiguos _____ calles son pequeñas.
2. En mi calle hay _____ cafetería, _____ farmacia y _____ supermercado.
3. En el norte de la ciudad hay _____ edificios modernos.
4. Hay _____ tiendas muy baratas en el Rastro.
5. En el barrio del centro están _____ grandes museos.
6. _____ calle principal de mi barrio es muy ruidosa.
7. Hoy comemos en _____ restaurante italiano nuevo.

CREA TU PROPIO
DICCIONARIO

En este barrio decide qué vas a poner:

El supermercado

a) Establecimientos y servicios.
Hay un supermercado
_____

b) Lugares de interés turístico.
_____
_____

c) Parques y lugares de ocio.
_____
_____

d) Transporte público.
_____
_____

EXPERIENCIA CULTURAL

Ciudades con encanto

01 En el mundo hispano hay muchas ciudades con encanto. Aquí tienes algunas de ellas. ¿Las conoces?

02 Relaciona esta información con la ciudad adecuada y escribe el nombre del país.

☐ **Cartagena de Indias**
Es la ciudad colonial más importante de Colombia. Situada junto al mar, es una de las ciudades más bellas y mejor conservadas de América. Su centro histórico es muy turístico y Patrimonio de la Humanidad desde 1984. Pasear por sus calles llenas de iglesias, plazas y edificios coloniales bien conservados es como estar en otra época.

☐ **Quito**
La capital de Ecuador tiene el centro histórico mejor conservado de Latinoamérica. La Plaza Grande (o de la Independencia), con edificios blancos, es una maravilla que está en el centro de la zona histórica. Allí también se pueden ver grandes palacios y la catedral más antigua de América del Sur. Esta plaza es el punto de encuentro favorito de los quiteños.

☐ **Puebla**
Situada en el centro de México, esta ciudad, Patrimonio de la Humanidad, es la segunda con más edificios y monumentos históricos en Latinoamérica después de Cuzco, en Perú. Mezcla de un importante pasado histórico y de modernidad con sus museos, teatros, etc., es única para disfrutar de la historia, la gastronomía, la cultura y la arquitectura barroca y colonial. Entre sus atractivos está el callejón de los Sapos, una calle pequeña con casas de colores y balcones con flores.

☐ **Antigua**
Pasear por esta ciudad pequeña (primera capital de Guatemala hasta el siglo XVIII) es disfrutar de hermosos edificios religiosos, ahora en ruinas, junto a casas de colores que son un regalo para la vista. Entre los monumentos arquitectónicos más importantes está la iglesia de La Merced, de color blanco y amarillo.

☐ **Cáceres**
Visitar la Ciudad Vieja de Cáceres es viajar al pasado, a la época medieval, con sus calles pequeñas, casas y palacios. La plaza Mayor es punto de encuentro de habitantes y turistas, porque allí hay restaurantes y terrazas. En esta plaza destaca la Torre de Bujarco.

03 Navega por esta página web y elige un monumento maravilloso. Compártelo con toda la clase para elegir entre todos la novena maravilla española.
http://www.españaescultura.es/es/temas/arquitectura_y_monumentos/

MI EXPERIENCIA

Describo cómo es mi barrio

★ Describe tu barrio para la guía turística de la ciudad donde vives.

★ ¿Te gusta tu barrio? ¿Por qué?

★ Puedes hacer fotos, imprimirlas, pegarlas y señalar los lugares de interés: servicios, establecimientos, plazas, museos, etc.

Utiliza cualquier material…

treinta y nueve | **39**

Unidad 4

¿Cómo eres?

OBJETIVO

Hablar de las personas y de las relaciones

PRAGMÁTICA
- Hablar de relaciones familiares
- Describir el carácter de una persona
- Presentar personas

GRAMÁTICA
- El número de los nombres y adjetivos
- Los posesivos: *mi, tu, su...*
- Los pronombres demostrativos: *este, ese, aquel...*
- *Muy, bastante* + adjetivo
- Los verbos irregulares en presente

LÉXICO
- La familia
- Las relaciones personales
- Los adjetivos de carácter

Mi experiencia
Escribo mi perfil en una red social

En familia

Relaciona las fotos con estas celebraciones.

a. Una fiesta de cumpleaños con la familia
b. La comida familiar de Navidad (el 25 de diciembre)
c. La fiesta de Nochevieja con amigos (el 31 de diciembre)
d. El día de Reyes (el 6 de enero)
e. Un año con mi pareja: nuestro aniversario
f. Un viaje a París en pareja

cuarenta y uno | 41

UNIDAD **4** | **¿CÓMO ERES?** | SECUENCIA **1**

1 MI PERFIL

A. Observa esta página de Facebook: ¿qué miras primero? Coméntalo con tu compañero.

B. Observa las fotos del Facebook de Carlos. Relaciónalas con su descripción.

☐ 1. En el cumpleaños de mi sobrino Dani, el hijo pequeño de mi hermano. En la foto están mi abuela Carmen, mi padre Antonio y mi madre Gabriela; mi hermana Sara y sus hijos, mis sobrinos Javier y Mar; mi hermano Jorge con su mujer, Lola, y sus hijos: Alba y Dani. Son mis sobrinos y su tío es fantástico: yo, el fotógrafo 😉. Mis padres tienen cuatro nietos: Javier, Mar, Alba y Dani.

☐ 2. Mi abuelo José y sus famosas barbacoas los domingos en el jardín de su casa.

☐ 3. Laura, mi pareja.

☐ 4. Con Pedro, Antonia y Carla, mis compañeros de trabajo, y Julio, nuestro jefe, en una reunión de trabajo.

☐ 5. Un gran fotógrafo.

C. Lee la información y localiza en el texto nombres en singular y en plural para completar con un ejemplo.

Singular y plural de los nombres

- Si termina en **vocal**, añade **–s**.
  ☐ → ☐

- Si termina en **consonante**, añade **–es**.
  mujer → mujer**es**

AYUDA

➲ En España decimos *el padre y la madre* = *los padres*. En situaciones familiares decimos papá y mamá. En Hispanoamérica dicen *papá y mamá*.

➲ La palabra *pareja* es femenina, pero se utiliza para hombre y para mujer.

42 | cuarenta y dos

2 RED DE RELACIONES

A. Este es el mapa de las relaciones de Carlos. Escribe el nombre de la persona o de las relaciones que faltan.

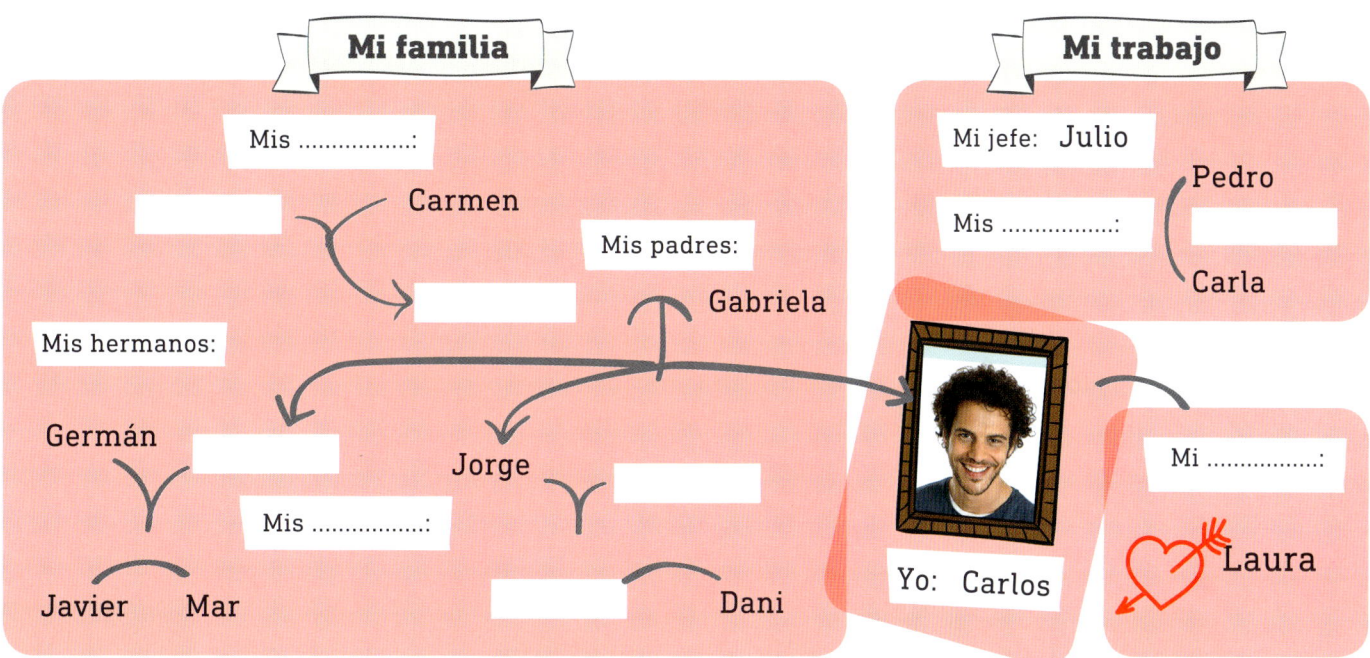

B. A partir de las descripciones de las fotos, completa con los posesivos y las palabras que faltan. Ej. 1, 2 y 3, p. 48

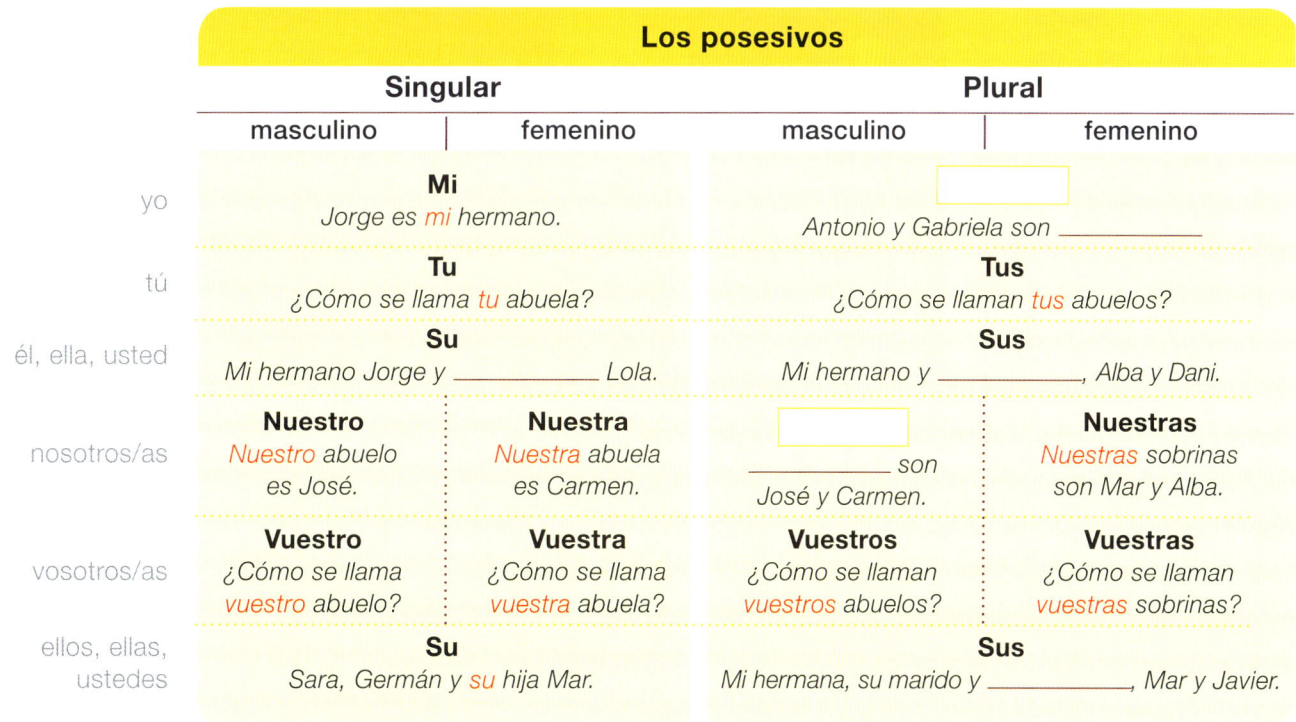

C. Piensa en una persona del mapa de las relaciones de Carlos. Tus compañeros preguntan.

– ¿Es hombre o mujer?
– ¿Es la pareja de Carlos?
– ¿Es su madre?

– Es mujer.
– No.

UNIDAD 4 | ¿CÓMO ERES? | SECUENCIA 2

1 TU PERFIL EN LAS REDES SOCIALES

A. Estos son algunos emoticonos que todos usamos en las redes sociales. Relaciona cada uno con un adjetivo.

- a. alegre
- b. tímido
- c. romántico
- d. positivo
- e. trabajador
- f. inteligente

1.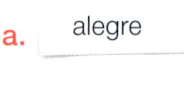
2.
3.
4.
5.
6.

HABILIDADES DE APRENDIZAJE

Muchas palabras relacionadas con la personalidad son similares en otras lenguas: *inteligente, creativo, egoísta…*

B. En un perfil, hay fotos diferentes. Relaciona cada una con su descripción. ¿Qué fotos tienes tú en las redes sociales? ¿Y tu compañero?

- a. foto en blanco y negro
- b. paisaje (playa, montaña)
- c. mi cara
- d. con mascota (un perro, un gato)
- e. de pequeño
- f. con amigos
- g. avatar

C. Descubre qué representa tu foto de perfil. ¿Te identificas con la descripción? ¿Y tu compañero?

¿QUÉ FOTO TIENES DE PERFIL?

1. **De cara:** personas simpáticas.
2. **Con gente:** personas sociables y divertidas.
3. **De pequeño/a:** personas muy tímidas y románticas.
4. **En blanco y negro:** personas creativas y trabajadoras.
5. **Avatar:** personas tímidas y adictas a la tecnología.
6. **Con mascota:** personas muy sociables y alegres.
7. **Un paisaje:** personas inteligentes.

Yo en Facebook tengo una foto con mi gato.

Pues yo tengo una foto con gente, con mis amigos.

2 ¿CÓMO SOMOS?

A. Lee de nuevo el texto y marca los adjetivos. ¿Cómo es el plural de los adjetivos? Completa la información. Ej. 4 y 5, p. 48

B. Ahora, completa con el adjetivo correcto.

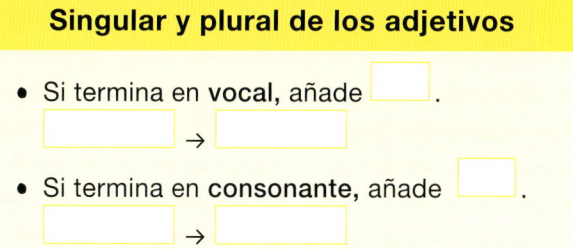

Singular y plural de los adjetivos

- Si termina en **vocal**, añade ☐.
  ☐ → ☐

- Si termina en **consonante**, añade ☐.
  ☐ → ☐

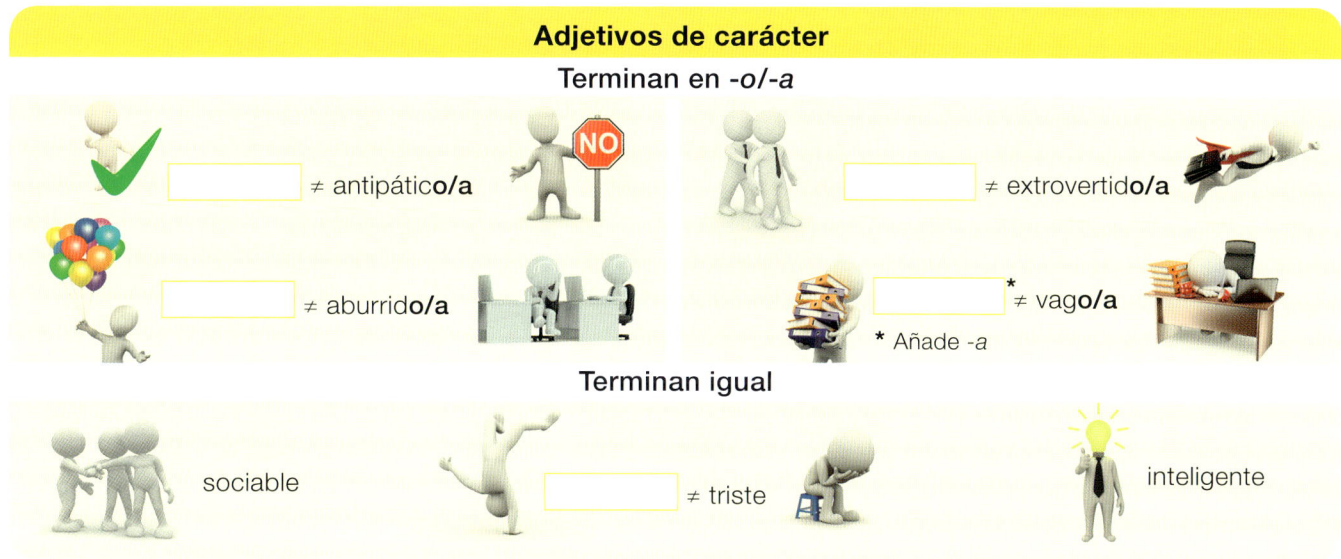

Adjetivos de carácter
Terminan en -o/-a

☐ ≠ antipático/a
☐ ≠ aburrido/a
☐ ≠ extrovertido/a
☐ * ≠ vago/a
  * Añade -a

Terminan igual

sociable   ☐ ≠ triste   inteligente

C. Piensa en un amigo o familiar, ¿cómo es? Descríbelo con tres adjetivos.

3 PERSONAS IMPORTANTES EN MI VIDA

A. Carlos describe tres fotos más. Escucha y escribe debajo de cada foto quiénes son y dónde están.
8
Ej. 6 y 7, p. 49

1

2

3

Los demostrativos

	Masculino	Femenino
Singular	**este**	**esta**
Plural	**estos**	**estas**

B. Busca en tu móvil fotos recientes y explica dónde estás y con quién.

Mira, esta es mi familia. Estamos en Mallorca.

AYUDA

⮕ **Presentar a personas**
- ¿Quién es?
- Esta es mi hermana.
- ¿Y estos quiénes son?
- Este es Pedro y estos son sus amigos.

cuarenta y cinco | 45

UNIDAD **4** | **¿CÓMO ERES?** | SECUENCIA **3**

1 ¿CÓMO NOS VEN LOS DEMÁS?

A. Estos son algunos estereotipos sobre los españoles. ¿Estás de acuerdo?

simpáticos | familiares | habladores | vagos
desorganizados | alegres

Yo creo que los españoles son muy simpáticos.

Sí, es verdad.

Yo no, yo creo que…

AYUDA

➲ **Expresar una opinión**
- Yo creo que…
- Yo creo que no…

➲ **Mostrar acuerdo y desacuerdo**
- Estoy de acuerdo.
- Sí, es verdad.
- No estoy de acuerdo.
- Yo creo que no.

Muy y bastante

+++ muy
Los españoles son muy creativos.

+ bastante
Los españoles son bastante simpáticos.

B. Escucha a dos personas que hablan sobre los españoles y marca si están de acuerdo o no.

9

	SÍ	NO
a. Los españoles son personas bastante simpáticas.	☐	☐
b. Las familias españolas hacen muchas fiestas juntos.	☐	☐
c. Los españoles están mucho tiempo en sus casas.	☐	☐
d. Los españoles hablan mucho.	☐	☐
e. La gente en España es muy trabajadora.	☐	☐

C. En grupos de tres, escribe dos ideas sobre dos nacionalidades. ¿Están de acuerdo tus compañeros?

Yo creo que los japoneses son muy trabajadores.

Sí, es verdad.

2 DOS NUEVAS VIDAS EN ESPAÑA

A. Dos mujeres explican su experiencia en España. Busca tres cosas que tienes en común con ellas y tres diferentes.

> Yo, igual que Gnouma, estudio español en una escuela.

> Yo, igual que Carin, soy sueca y conozco Málaga.

Tu destino está en España
INICIO | QUIÉNES SOMOS | GALERÍA | BLOG

TESTIMONIOS

Gnouma

Tengo 20 años, soy de Mauritania y hace un año que vivo en Málaga. Quiero ser modelo, pero, como todavía no encuentro ofertas, trabajo de cocinera preparando platos de mi tierra en fiestas particulares los fines de semana. Normalmente me levanto temprano, desayuno con mi compañera de piso y busco agencias de modelos por Internet. Por la tarde, voy a una escuela para estudiar español. Entiendo bastante bien el español y puedo hablarlo, pero confundo algunos verbos. Cuando salgo de la escuela, doy un paseo y dejo mi currículum en algunas tiendas de ropa, porque me encanta la moda. Por la noche, veo fotos en Instagram de mis modelos favoritas, leo lo que escriben mis amigos en Facebook y me acuesto soñando que me visto con ropa de los mejores diseñadores de moda.

Carin

Soy sueca y mis amigos me llaman «la malagueña» porque hablo español con acento andaluz y bailo flamenco. Después de diez años en Málaga, puedo decir que ya no traduzco del sueco al español, pienso en español. Vivo en una colonia sueca con más de 20 000 escandinavos, pero conozco a muchos malagueños, porque estoy casada con uno. Soy escritora y escribo artículos sobre Andalucía para una revista sueca, por eso viajo mucho. En mis viajes siempre descubro lugares sorprendentes, hablo con la gente y hago muchas fotos con mi cámara. Cuando vuelvo a casa, pongo todas las fotos en mi álbum digital y empiezo a escribir. Tengo una vida feliz, no pido nada más. Es verdad que pienso mucho en mi familia, pero prefiero vivir en España.

B. Subraya los verbos en presente y clasifica los irregulares en este cuadro. *Ej. 8, p. 49*

Verbos con...

-o → -ue	-e → -ie	-e → -i	irregularidad solo en la primera persona	irregularidad en todas las personas
volver: vuelvo	querer: quiero	vestirse: me visto	salir: salgo	ir: voy, vas, va…

C. Elabora un texto, como los de Gnouma y Carin, explicando tu situación actual.

UNIDAD 4 | ¿CÓMO ERES? | EJERCICIOS

GRAMÁTICA Y LÉXICO

1 Completa con las relaciones familiares.

Masculino		Femenino	
singular	plural	singular	plural
hijo	hijos	hija	hijas
padre			
	hermanos		
	sobrinos		
abuelo			
			nietas
		tía	

2 Completa estas frases.

1. Los padres de mis padres son mis _____.
2. La hermana de mi madre es mi _____.
3. El marido de mi tía es mi _____.
4. El hijo de mi mujer es también mi _____.
5. La hija de mi hija es mi _____.
6. El marido de mi abuela es mi _____.

3 Observa otra vez el mapa de relaciones de Carlos y completa sus frases.

«_____ padres se llaman Antonio y Gabriela. Jorge es mi _____ y Lola es _____ mujer. Alba y Dani, _____ hijos, son mis _____. Los padres de Sara (_____ hermana) son mis _____. Javier y Mar son _____ nietos. Sara es mi _____ y su _____ se llama Germán. Sus _____ son _____ sobrinos. Pedro y Carla son mis _____. Julio es _____ jefe».

4 Transforma las frases, como en el ejemplo. Cambia el género y usa el adjetivo contrario.

1. Mi hermana es simpática.
   Mi hermano es antipático.
2. Mi padre es desordenado.
   _____
3. Mi abuela es generosa.
   _____
4. Mis hijos son trabajadores.
   _____
5. Mis sobrinos son muy divertidos.
   _____
6. Mi marido es bastante introvertido.
   _____

5 Completa.

Mi mejor amiga es profesor__ y es estadounidens__. Es muy simpátic__ y sociabl__. Habla con todas las person__ y sí, habla mucho. Está casad__ y su marido es alemán__. Él es introvertid__ y un poco tímid__, prefiere los grupo__ pequeñ__. Es diseñador__ gráfic__ y es muy creativ__. Eso sí, los dos son muy trabajador__ y alegr__.

6 Busca las parejas.

alumno 1. ○   ○ a. abuelo
generoso 2. ○   ○ b. padre
tío 3. ○   ○ c. divertido
marido 4. ○   ○ d. sobrino
extrovertido 5. ○ ○ e. mujer
nieto 6. ○   ○ f. profesor
vago 7. ○   ○ g. alegre
aburrido 8. ○   ○ h. introvertido
triste 9. ○   ○ i. trabajador
madre 10. ○   ○ j. egoísta

7 Elige la forma correcta.

1. _____ es Alberto, trabaja en un restaurante.
   a. Esta   b. Este   c. Estos

2. Yo soy la profesora de español y _____ son mis estudiantes.
   a. esta   b. estos   c. estas

3. _____ son Patricia y Ana, son amigas.
   a. Estas   b. Esta   c. Estos

4. Aquí estoy en París. _____ es mi hermana.
   a. Estos   b. Estas   c. Esta

5. _____ son mis padres. Estamos en casa.
   a. Esta   b. Estos   c. Estas

6. Aquí estoy en la universidad. _____ son mis compañeras de clase.
   a. Estos   b. Estas   c. Este

8 Completa las tablas y subraya la irregularidad.

	VOLVER	QUERER
yo		quiero
tú		
él, ella, usted	vuelve	
nosotros/as		queremos
vosotros/as	volvéis	
ellos, ellas, ustedes		

	VESTIRSE	DECIR
yo		digo
tú	te vistes	
él, ella, usted		dice
nosotros/as		
vosotros/as		
ellos, ellas, ustedes	se visten	dicen

CREA TU PROPIO
DICCIONARIO

Elabora una red con palabras de esta unidad.

Escribe en el círculo grande tus relaciones y en los pequeños qué tipo de relaciones son.

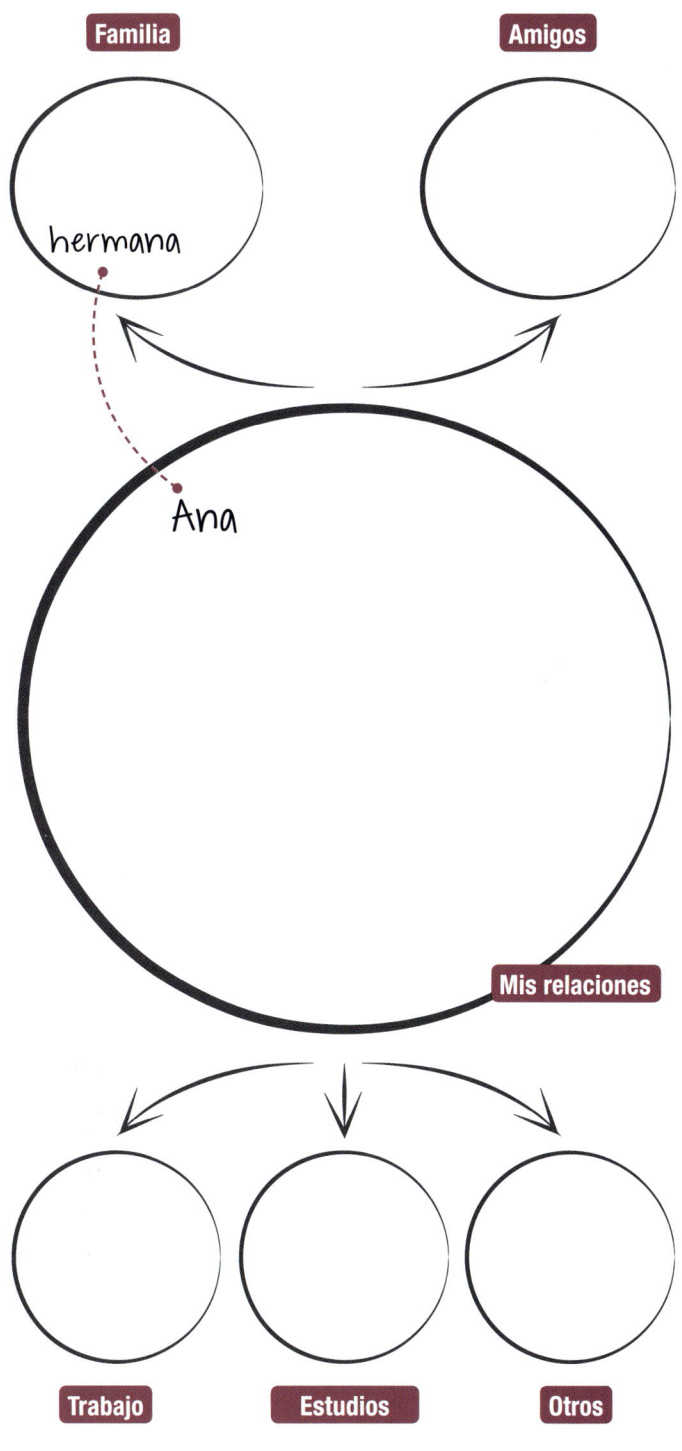

EXPERIENCIA CULTURAL

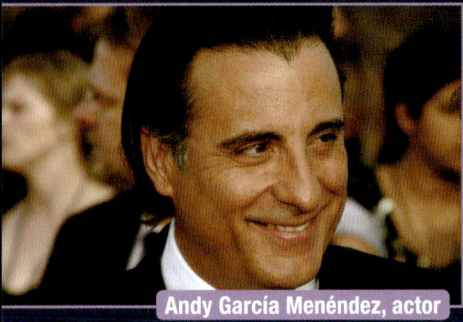
Andy García Menéndez, actor

Marc Márquez Alentà, piloto

Selena Gómez, cantante y actriz

Javier Fernández López, patinador

Carolina Herrera, diseñadora

Mario Vargas-Llosa, escritor

Nombres y apellidos

01 ¿Conoces a estos famosos? ¿Cuáles son sus apellidos?

02 Observa la nube. Identifica los cuatro apellidos más comunes en el mundo hispano.

González Rodríguez
Pérez Muñoz Robles Fernández
  Torres Álvarez Vázquez
Alarcón Ramos García Gasión Martí
Moreno López   Suárez
  Gutiérrez Gómez Costa Blanco
    Vera Egea Jiménez

03 Lee la información sobre los apellidos en el mundo hispano. ¿Cómo son los apellidos en tu país?

04 Busca información sobre los nombres más comunes en el mundo hispano y comenta tus resultados en clase.

LOS APELLIDOS EN EL MUNDO HISPANO

1. En general, en el mundo hispano, las personas tienen dos apellidos, el del padre y el de la madre. Actualmente, el orden de los apellidos es decisión de los padres.

2. Las mujeres no toman el apellido de su marido. Mantienen sus apellidos, pero hay excepciones, como Carolina Herrera, que tiene el apellido de su marido.

3. Hay apellidos que tienen nombre de ciudad: Toledo, Burgos o Lorca; de monumentos: Iglesias, Torres; o de colores: Blanco, Rojo.

4. Muchos apellidos terminan en -ez, y significa 'hijo de': González (hijo de Gonzalo), Fernández (hijo de Fernando).

MI EXPERIENCIA

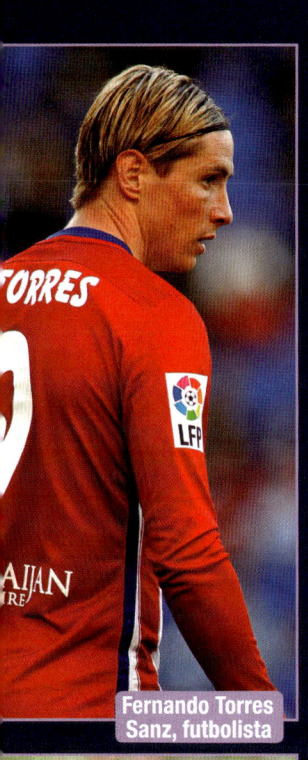
Fernando Torres Sanz, futbolista

Pedro Sánchez Pérez-Castejón, político

Jennifer López, cantante

Escribo mi perfil en una red social

✍ Escribe tu perfil para un grupo de la clase.

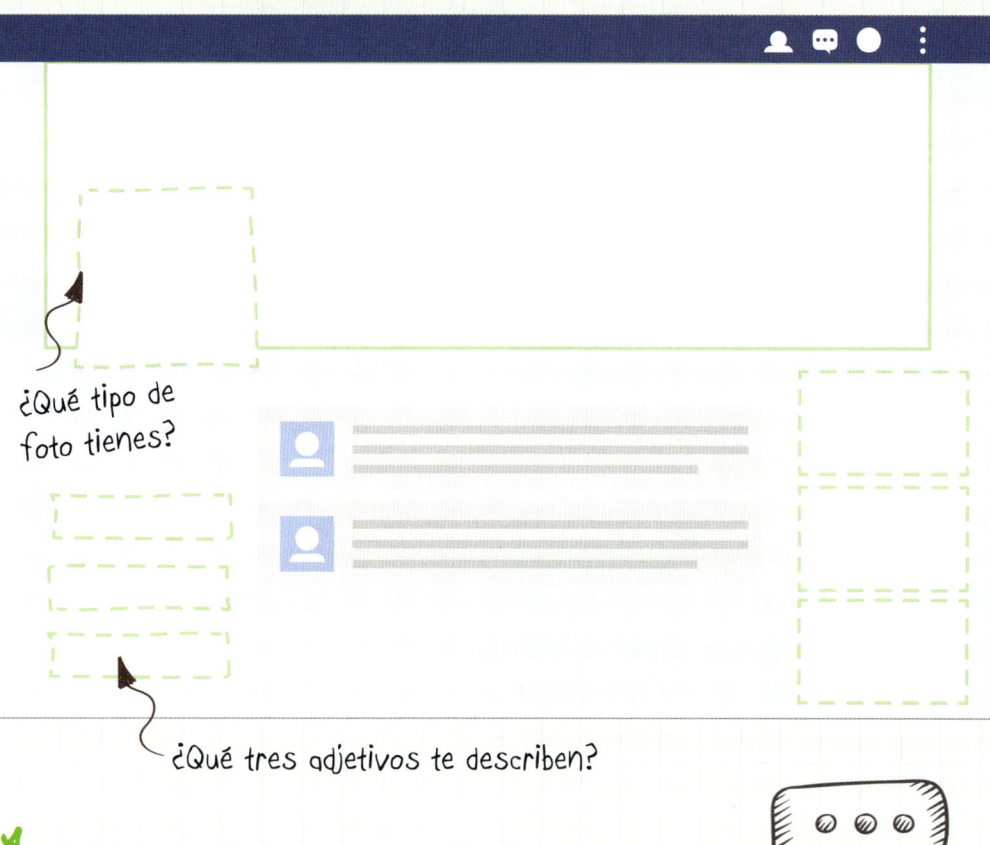

¿Qué tipo de foto tienes?

¿Qué tres adjetivos te describen?

✍ ¿Qué información importante escribes?

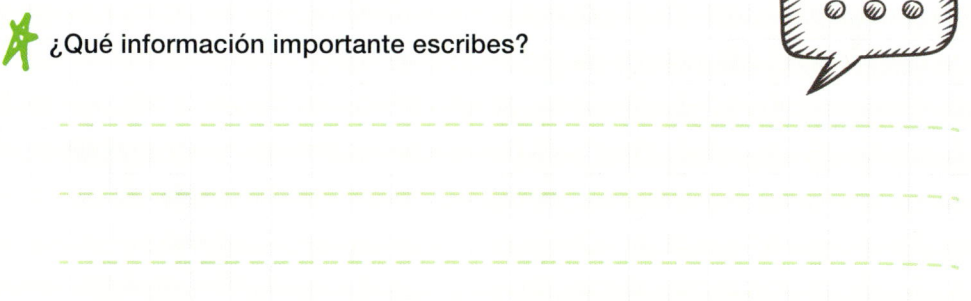

✍ ¿Qué tres fotos tienes? Describe a esas personas.

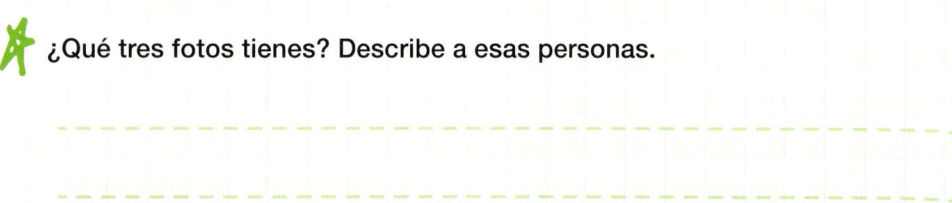

Utiliza cualquier material…

cincuenta y uno | 51

Unidad 5

¿Te gusta?

OBJETIVO

Hablar de gustos

PRAGMÁTICA
- Opinar sobre el tiempo libre y hacer planes
- Expresar gustos y preferencias
- Hablar de acciones actuales

GRAMÁTICA
- El verbo *ir* con preposición o con *a* + infinitivo
- Los verbos irregulares: *preferir, poder, hacer, salir…*
- Expresiones de frecuencia: *siempre, muchas veces…*
- El verbo *gustar*
- *A mí también/A mí tampoco/A mí sí/A mí no*
- *Estar* + gerundio

LÉXICO
- Las actividades de tiempo libre
- Las aficiones
- Aprender lenguas

Mi experiencia

Las cosas que me gusta hacer en mi ciudad

¡Para gustos, los colores!

Pregunta a tu compañero para descubrir si tenéis los mismos gustos.

a. ¿Cuál es tu color favorito?

b. ¿Qué tipo de comida prefieres?

c. ¿Cuál es tu deporte favorito?

d. ¿Qué tipo de música te gusta?

e. ¿Qué te gusta hacer en tu tiempo libre?

f. ¿Cuál es tu ciudad favorita?

UNIDAD **5** | **¿TE GUSTA?** | SECUENCIA **1**

GUÍA DEL TIEMPO LIBRE

a. *Arte*
- Museos
- Galerías
- Antigüedades

d.
- Autobús turístico
- Paseos en bici
- Visitas a pie por el centro histórico

b.
- Mercadillos
- Ir de tiendas
- Centros comerciales

c.
- Los mejores conciertos
- Festivales
- Tiendas de discos

e.
- La montaña
- Las mejores playas
- Otras ciudades

f.
- Películas
- Teatro
- Danza

1 LA GUÍA DEL TIEMPO LIBRE

A. Mira esta guía de Barcelona y complétala con el nombre de las secciones.

| Arte | Cine y espectáculos | Rutas por la ciudad |
| Compras | Excursiones | Música |

B. Unos amigos están en Barcelona. Según sus preferencias, ¿qué sección pueden consultar?

Antonio: Yo prefiero ir a un museo, puedo consultar _____. Y vosotros, ¿qué preferís?

Amanda: Clara y yo preferimos ir al mercadillo, entonces podemos consultar _____.
Y seguro que Ángel y Miguel prefieren ir de excursión, así que ellos pueden consultar _____.

Miguel: Sí, yo sí, pero Ángel prefiere conocer las playas o pasear en bici.

Ángel: ¡No, no! Yo prefiero visitar el centro histórico.

Clara: Pues entonces Ángel puede consultar _____.

C. Busca en la conversación anterior las formas de *preferir* y *poder* y completa la conjugación.

	PREFERIR	PODER
yo		
tú	prefieres	puedes
él, ella, usted		
nosotros/as		
vosotros/as		podéis
ellos, ellas, ustedes		

D. Ahora pregunta a tu compañero por sus preferencias: ¿podéis hacer las mismas actividades?

¿Qué prefieres, ir a cenar o ir a un concierto?

Yo prefiero ir a un concierto, ¿y tú?

Sí, yo también. Podemos ir juntos.

2 ¿QUÉ HACES EN TU TIEMPO LIBRE?

A. Un estudiante responde cuando le preguntan qué hace en su tiempo libre. Escucha y ordena las respuestas.

- ☐ No, no leo nunca. Es que estudio mucho, todos los días voy dos o tres horas a la biblioteca para estudiar y luego descanso.
- ☐ Siempre veo todos los partidos de fútbol del Real Madrid y a veces veo una película.
- ☐ Sí, claro, escucho música todos los días, en casa, cuando estudio, en el autobús…
- ☐ A veces salgo por la tarde con mis amigos, para tomar algo y hablar. Y los fines de semana salimos por la noche a discotecas, al cine…
- [1] No hago mucho deporte. Bueno, los sábados juego al fútbol.
- ☐ Con mis amigos jugamos *on-line* y hacemos competiciones.

AYUDA

➲ Expresiones de frecuencia
- Siempre/Todos los días
- Muchas veces
- A veces
- Nunca

B. Busca en las respuestas las formas verbales que faltan.
Hay tres verbos que tienen la misma irregularidad en una persona: ¿cuáles son?
`Ej. 1, p. 60`

JUGAR	HACER	SALIR	PONER	VER	IR
			pongo		
juegas	haces	sales	pones	ves	vas
juega	hace	sale	pone	ve	va
	hacemos		ponemos	vemos	vamos
jugáis	hacéis	salís	ponéis	veis	vais
juegan	hacen	salen	ponen	ven	van

C. Busca ejemplos en el diálogo 1B de las preposiciones *a*, *de*, *en*, y completa la información. `Ej. 2, p. 60`

Preposiciones *a*, *de* y *en*

| Destino | Ir ☐ un museo / Ir *al* teatro | *a + el = al* *Voy al teatro.* |

| Tipo de actividad | Ir ☐ excursión / Ir *de* tiendas |

| Medio de transporte | Ir/Pasear ☐ bici / Excepciones: *ir a pie, ir a caballo* |

D. ¿Qué haces en tu tiempo libre? ¿Con qué frecuencia? Compártelo en clase y descubre las actividades más comunes.

E. ¿Qué planes tienes para el fin de semana? Escribe un breve texto y léelo en clase.

Hacer planes

Ir a + infinitivo

Este fin de semana *voy a* bailar.

UNIDAD 5 | ¿TE GUSTA? | SECUENCIA 2

1 COSAS EN COMÚN

A. Lee esta entrada de un foro y escribe un título.

> Vamos a escribir sobre los gustos. Yo creo que tener gustos diferentes o contrarios puede ser positivo e interesante en una pareja. A mi marido le gusta mucho cocinar con sus amigos y a mí no me gusta nada. A él no le gustan las actividades de aventura, pero a mí sí. ¿Qué hacemos? Pues yo voy de escapada y él va con sus amigos a cocinar. Cada uno necesita su espacio. Y a ti, ¿te gusta hacer las mismas cosas que a tu pareja?
> *Lola*
>
> **Comentario 1:**
> Cuando la gente no tiene aficiones iguales, puede ser un problema. A mí, por ejemplo, me gusta bailar y a mi pareja también. A los dos nos gusta hacer puzzles.
> *Isabel*
>
> **Comentario 2:**
> A mi pareja no le gusta mucho el cine y a mí tampoco, pero a los dos nos gustan las series de televisión. Yo creo que es importante tener gustos similares.
> *Julio*
>
> **Comentario 3:**

B. En el amor y en la amistad, ¿buscamos personas con aficiones en común o personas diferentes? ¿Tú qué opinas?

C. Busca en el foro y completa la información con las palabras que faltan. [Ej. 3, 4 y 5, p. 60]

GUSTAR

¿A quién?		verbo en 3.ª persona	¿Qué?
( )			nombre singular (el cine)
( )			
(, a ella, a usted)			infinitivo (ir en bici)
(a nosotros/as)			
(a vosotros/as)	os	+ gustan	nombre plural (las series)
(a ellos, a ellas, a ustedes)	les		

D. Escribe las frases que corresponden a estos emoticonos: *no me gusta, me gusta mucho, me gusta, no me gusta nada*.

a. *Me gusta mucho* 😁😁😁

b. _____ 😁😁

c. _____ 🙁

d. _____ 🙁🙁

E. Reflexiona y marca: sí o no.

	Sí	No
a. Cuando va con un nombre, siempre va con un artículo.	☐	☐
b. Los pronombres van delante.	☐	☐
c. Cuando va con infinitivo, va en plural.	☐	☐

F. Escribe un comentario en el foro. Luego, léelo a dos compañeros. ¿Tenéis opiniones similares?

2 GUSTOS SIMILARES O DIFERENTES

A. Lee otra vez el foro anterior y completa los cuadros. Ej. 6, p. 61

ESTAR DE ACUERDO		NO ESTAR DE ACUERDO	
😁 Me gusta el cine, ¿y a ti?	☹ No me gusta leer, ¿y a ti?	😁 Me encanta bailar, ¿y a ti?	☹ No me gusta leer, ¿y a ti?
😁 _____	☹ A mí tampoco.	☹ A mí no.	😁 _____

B. ¿Cuáles son tus preferencias? ¿Qué te gusta más? Completa con tus gustos. Luego, pregunta a dos compañeros y toma nota.

¿Qué te gusta más…	Yo	Compañero 1	Compañero 2
¿Qué te gusta más, la pizza o el sushi?	*A mí me gusta la pizza.*	*A mí me gustan los dos.*	*A mí también.*
a. … un Mac o un PC?			
b. … la comida mexicana o la española?			
c. … leer en papel o en formato digital?			
d. … ir al cine o ver la tele?			
e. … la playa o la montaña?			
f. … Facebook o Instagram?			

3 PLANES DIFERENTES

A. La revista *Novedades* propone actividades diferentes para hacer durante el fin de semana. Primero, relaciona las fotos con las actividades. Luego, marca las que te gustan. ¿Puedes proponer una más?

- [ ] a. Hacer fotos por la ciudad.
- [ ] b. Hacer un viaje sin un destino concreto, a la aventura.
- [ ] c. Hacer un curso de cocina para aprender a preparar tapas.
- [ ] d. Hacer un puzle.
- [ ] e. Hacer una actividad extrema: subir en globo o hacer *rafting*.
- [ ] f. Hacer una maratón de series o películas.
- [ ] _____

B. Tres amigos quieren hacer juntos alguna actividad de la lista anterior. Escucha y escribe la actividad que les gusta a los tres. ¿Te gusta su plan? (11)

UNIDAD **5** | **¿TE GUSTA?** | SECUENCIA **3**

1 TUS EXPERIENCIAS

Escribe seis palabras que significan algo en tu vida. Haz preguntas a tu compañero o compañera para descubrir su significado. Luego, responde tú. Explica algo interesante de tu compañero a la clase.

2 APRENDER ESPAÑOL

A. Lee este foro de una escuela de lenguas sobre el aprendizaje. ¿Con quién te identificas más? ¿Por qué?

¿Qué es lo más difícil o lo más fácil para ti del español?

Jürgen: A mí me gusta aprender leyendo. Creo que soy bueno aprendiendo las reglas. Me gusta la gramática y el vocabulario. También aprendo haciendo ejercicios y escribiendo. Es fundamental hacer ejercicios de gramática. Lo más difícil creo que es expresarme bien. Ahora estoy participando en este foro para mejorar.

Henri: Yo me dedico a la música, tengo buen oído y creo que tengo un talento especial para aprender escuchando y hablando con la gente. No me gusta mucho leer, tampoco en mi lengua. Yo creo que es muy útil aprender el vocabulario y las frases hechas para comunicarte. Lo más difícil para mí es la gramática, no me gusta. Este año estoy haciendo muchos ejercicios.

Jess: A mí lo que más me gusta es la música, la cultura y hablar. Este año estoy saliendo con españoles y estoy hablando con ellos. Lo más difícil es la pronunciación y, bueno, los verbos.

B. Observa los verbos subrayados y completa el cuadro. ¿Qué crees que expresan? Marca las dos opciones correctas.

Se usa el gerundio para…

a. ☐ explicar cómo hacemos algo.
b. ☐ describir acciones futuras.
c. ☐ contar acciones que ocurren actualmente.

C. Di un aspecto de aprender español que te gusta y explica cómo te gusta aprenderlo. Utiliza los gerundios. `Ej. 7, p. 61`

> *Me gusta la gramática. Y yo aprendo haciendo ejercicios y hablando mucho en clase.*

D. Busca en el foro las cuatro frases con *estar* + gerundio.

E. Ahora, escribe tu intervención en el foro.

Formación del gerundio

Los verbos terminados en…
- *-ar* forman el gerundio en ☐
Ejemplo: _____
- *-er* o *-ir* forman el gerundio en ☐
Ejemplos: _____
_____

Algunos verbos son irregulares:
pedir → p**i**diendo   ir → **y**endo
dormir → d**u**rmiendo   leer → _____

Estar + gerundio

- Se usa para expresar una **acción que ocurre actualmente** y va con expresiones de tiempo como *ahora, en este momento, este año…*

---

3 OTRAS EXPERIENCIAS

A. Escucha a un español que estudia inglés y responde a estas preguntas.

a. ¿Por qué estudia inglés?
b. ¿Qué habilidades tiene?
c. ¿Qué aspectos cree que son más importantes en una lengua?
d. ¿Qué recomendaciones hace a otros estudiantes?

B. ¿Estás de acuerdo con sus recomendaciones? Utiliza las estructuras que aparecen en el cuadro.

> *Sí, yo creo que es fundamental hablar con la gente del país.*

C. En grupos, elabora un decálogo para aprender español. Primero, haz una lista de actividades; luego, escribe 10 recomendaciones para la clase.

> *Para aprender español es necesario…*

Nueva York

Hacer recomendaciones

- *Es bueno…*
- *Es importante…*
- *Es fundamental…* + infinitivo   *Es fundamental hacer ejercicios de gramática.*
- *Es muy útil…*
- *Es necesario…*

UNIDAD **5** | **¿TE GUSTA?** | EJERCICIOS

GRAMÁTICA Y LÉXICO

1 Completa la conjugación de estos verbos.

IR
vas
vamos

PONER
pones
pone
ponen

HACER
haces
hacemos
hacen

SALIR
sale
salís

PREFERIR
prefiero
preferís
prefieren

VER
ves
ven

PODER
puedes
puede
podéis

JUGAR
juego
juega
juegan

2 Completa las actividades con estas preposiciones: *en*, *a*, *de*.

1. Ir _____ un concierto.
2. Ir _____ tiendas.
3. Comer _____ un restaurante.
4. Ir _____ compras.
5. Jugar _____ las cartas.
6. Ir _____ la playa.
7. Pasear _____ bicicleta.
8. Ir _____ excursión.

3 Escribe el pronombre adecuado.

1. A mi pareja _____ gusta bailar salsa.
2. A nosotros _____ gusta ver series.
3. A mis amigos y a mí _____ gusta mucho el cine.
4. ¿A vosotros _____ gusta jugar al tenis?
5. A mí no _____ gusta mucho cocinar.
6. ¿Qué _____ gusta hacer a ti los domingos?

4 Completa las frases con el pronombre adecuado y subraya la forma correcta.

1. A mi hermana _____ *gusta/gustan* cocinar.
2. A mí no _____ *gusta/gustan* las series.
3. ¿A ti y a tus amigos _____ *gusta/gustan* las *pizzas*?
4. A mis padres _____ *gusta/gustan* ver la tele.
5. A Ana y a mí _____ *gusta/gustan* los libros.
6. ¿A ti _____ *gusta/gustan* la fotografía?

5 Ordena las palabras y escribe frases.

1. gusta | al | jugar | ¿Os | fútbol?
   _____

2. series. | me | las | No | nada | gustan
   _____

3. gusta | en | nosotros | casa. | nos | A | estar
   _____

4. salir | mis | gusta | A | me | amigos. | mí | con
   _____

5. ir | mi | cine. | madre | le | A | gusta | al
   _____

6. gusta | al | hermanos | A | ir | mis | nada | no | campo. | les
   _____

60 | sesenta

6 ¿Puedes continuar las conversaciones?

1. A mí me gusta mucho el tenis.

A mí no.   A mí tampoco.   A mí sí.

2. A mí me gusta la paella.

_____   _____   _____

3. Me encanta el chocolate.

_____   _____   _____

4. No me gusta ver la tele.

_____   _____   _____

5. Me gusta ir de compras.

_____   _____   _____

6. No me gusta nada leer.

_____   _____   _____

7 Completa con estos verbos en gerundio para descubrir cómo ha aprendido Ana a hacer estas cosas.

hacer | ir | practicar | ver | leer | nadar

1. Hablar inglés: _____ películas en la tele.
2. Tocar el violín: _____ muchas horas.
3. Bailar salsa: _____ a clase.
4. Nadar bien: _____ en la piscina del club.
5. Escribir poemas: _____ libros de poesía.
6. Hablar idiomas: _____ ejercicios en casa.

CREA TU PROPIO
DICCIONARIO

Elabora una red con palabras de esta unidad.

Relaciona estas palabras con los verbos, como en el ejemplo, para practicar el léxico de la unidad.

la radio | por el parque | un libro | una revista | música | una exposición de fotografía | una postal | un correo electrónico | a la escuela | un mensaje de WhatsApp | una película | por la playa | en un foro | series de televisión | una conferencia | la tele | al teatro | a la montaña | por la ciudad

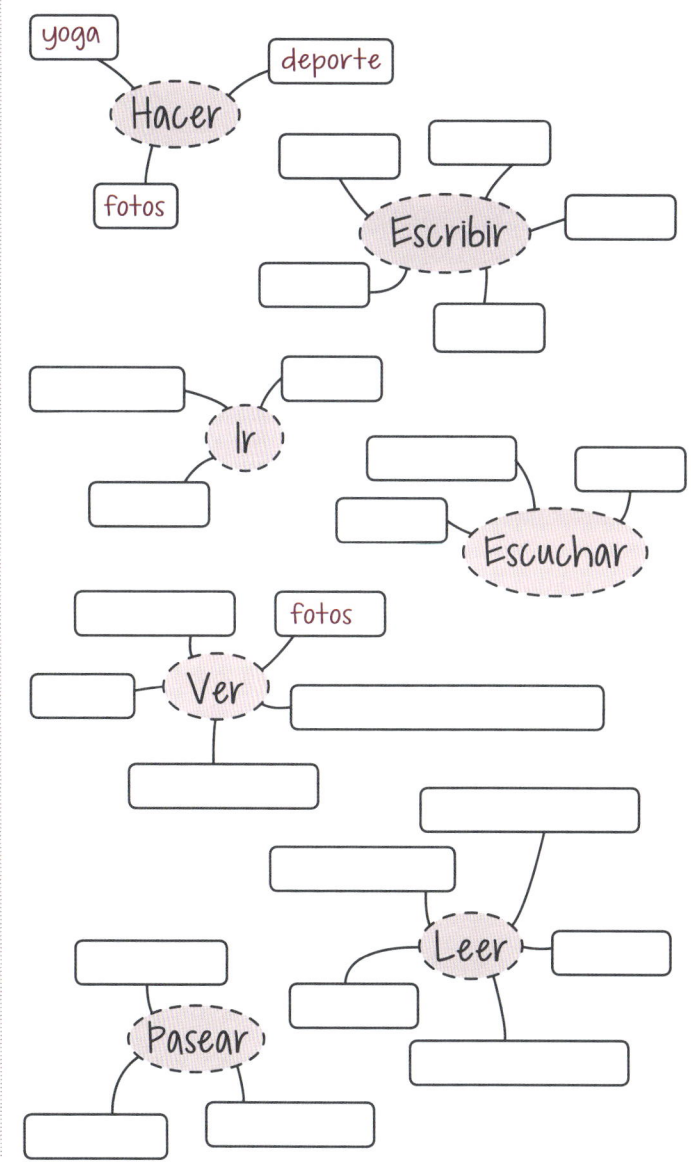

EXPERIENCIA CULTURAL

El merengue dominicano

El tango rioplatense

La cumbia colombiana

Música y baile: mezcla de culturas

La variedad musical de los países de habla hispana es enorme y esto se debe a la rica mezcla cultural que existe en ellos. Géneros como el flamenco, el bolero, la salsa, la *bossa nova*, la música tropical, el merengue, la bachata, etc., se escuchan por todo el mundo y es que la música va más allá de las fronteras de un país. Canciones, ritmos y sonidos son internacionales, porque la música es un idioma universal.

Nace en la República Dominicana. Sus principales influencias son: la europea, la africana y la indígena. Junto con la salsa, es uno de los grandes géneros musicales latinoamericanos.	Es un género musical que se baila y que nace en Colombia y en Panamá, pero actualmente se baila en toda América Latina.	Este género musical tiene su origen en la zona de Río de la Plata (Argentina y Uruguay). Es uno de los géneros y bailes más internacionales.	Es el resultado de la fusión del son cubano, la música caribeña, el *jazz* y otros ritmos estadounidenses. Parece que su origen está en Nueva York.	Es un género musical con cante, baile y guitarra. Es propio del sur de España, pero tiene diferentes influencias culturales: árabes, judías, gitanas, etc.

01 Mira las imágenes. Lee la información y relaciona cada definición de baile con la imagen correspondiente y el país de origen.

02 ¿Qué estilos de música hay en tu país? ¿Conoces su origen? Busca información y redacta un breve texto.

MI EXPERIENCIA

La salsa caribeña

El flamenco español

Las cosas que me gusta hacer en mi ciudad

Escribe tus ideas.

Me gusta muchísimo...

Me gusta mucho...

No me gusta...

Me gusta...

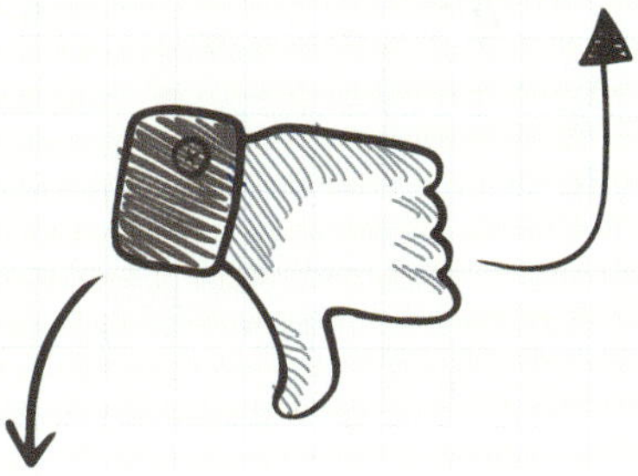

No me gusta nada de nada...

Compara tus ideas con tu compañero.
¿Os gustan las mismas cosas de vuestra ciudad?

Utiliza cualquier material...

Unidad 6

¿Cuál es tu imagen?

OBJETIVO

Describir la ropa y el aspecto físico

PRAGMÁTICA
- Describir prendas de vestir
- Expresar necesidad y obligación
- Hablar del tiempo
- Describir personas

GRAMÁTICA
- El género de los colores
- *Necesitar* + nombre/infinitivo
- *Tener que/Deber* + infinitivo
- Los verbos *ser*, *tener* y *llevar*

LÉXICO
- La ropa
- Los colores
- Los números hasta 1000
- Los meses, las estaciones y el clima
- La descripción física

Mi experiencia
Me visto de manera diferente

Ropa para cada ocasión

A. ¿Con qué asocias la ropa que ves en las imágenes: vacaciones, trabajo, tiempo libre, calor…?

B. Dos imágenes son tiendas de marcas españolas. ¿Existen en tu país? ¿Te gustan? ¿Conoces otras marcas de ropa española?

UNIDAD 6 | ¿CUÁL ES TU IMAGEN? | SECUENCIA 1

1 LA ROPA

A. Observa el catálogo. ¿Qué prendas son exclusivas de hombre o mujer?

B. Observa y busca ejemplos en el catálogo.
Ej. 1 y 2, p. 72

Colores

Si terminan en -o tienen dos formas: rojo/a	Si terminan de otra forma, una: azul

AYUDA

◯ Los números del 31 al 200

31 treinta y uno	70 setenta
32 treinta y dos...	80 ochenta
40 cuarenta	90 noventa
50 cincuenta	100 cien
60 sesenta	200 doscientos

C. Observa y completa con los números que faltan.
Ej. 3, p. 72

Números de 100 a 1000

100	cien	500	quinientos
101	ciento uno	550	
150		600	
200		715	setecientos quince
230	doscientos treinta	800	
340	trescientos cuarenta	940	novecientos cuarenta
370		1000	mil
400			

2 SIMPLIFICA TU ARMARIO

A. Lee la entrada del blog y marca cuál es el tema principal.

a. la moda del próximo año
b. la forma de ordenar el armario
c. el buen uso de la ropa

B. En grupos de tres, cada uno responde a las preguntas del blog. ¿Tenéis respuestas similares?

C. En este *podcast* Gabriela habla del Proyecto 16. Escucha para saber qué es y para qué sirve. Toma nota. ¿Te parece interesante?

13

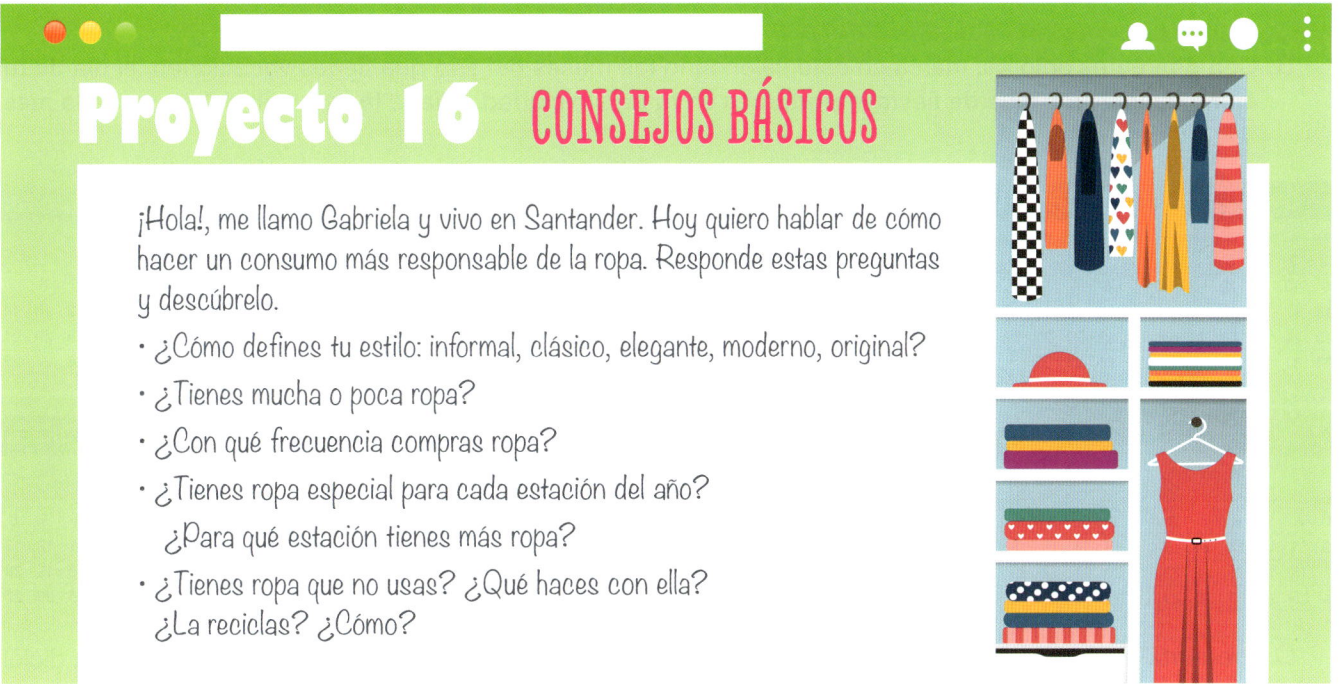

Proyecto 16 — CONSEJOS BÁSICOS

¡Hola!, me llamo Gabriela y vivo en Santander. Hoy quiero hablar de cómo hacer un consumo más responsable de la ropa. Responde estas preguntas y descúbrelo.

- ¿Cómo defines tu estilo: informal, clásico, elegante, moderno, original?
- ¿Tienes mucha o poca ropa?
- ¿Con qué frecuencia compras ropa?
- ¿Tienes ropa especial para cada estación del año?
  ¿Para qué estación tienes más ropa?
- ¿Tienes ropa que no usas? ¿Qué haces con ella? ¿La reciclas? ¿Cómo?

3 PARTICIPA EN EL PROYECTO 16

A. Escucha a esta pareja y explica qué problema tienen y cómo lo solucionan.

14

B. Ahora lee este fragmento del diálogo y completa el cuadro. Ej. 4, p. 72

Él: ¡**Necesitamos un armario** más grande!
Ella: No, no necesitamos otro armario. El problema es que tú tienes mucha ropa. **Tienes que leer** el blog de Gabriela.
Él: A ver, ¿qué dice Gabriela en su blog?
Ella: Pues dice que **debes seleccionar** lo que usas y eliminar lo que no usas nunca.

C. Tienes que viajar un mes. En parejas, haz una lista con 16 prendas indispensables.

Expresar necesidad y obligación

- *necesitar* + nombre

- *necesitar* + infinitivo
  Necesito comprar un abrigo.

- *tener que* + infinitivo

- *deber* + infinitivo

¿Qué seleccionamos?

Empezamos por las camisetas. ¿Cuántas necesitamos?

UNIDAD 6 | ¿CUÁL ES TU IMAGEN? | SECUENCIA 2

1 MI CALENDARIO ANUAL

A. Completa las fotos con las estaciones que faltan.

primavera

otoño

B. Con diferentes colores, marca en este calendario los meses del año que tienes vacaciones, el día de tu cumpleaños y los días de fiesta importantes en tu país o ciudad. Añade la estación del año a cada mes.

ENERO	FEBRERO	MARZO	ABRIL	MAYO	JUNIO
Lun Mar Mié Jue Vie Sáb Dom	Lun Mar Mié Jue Vie Sáb Dom	Lun Mar Mié Jue Vie Sáb Dom	Lun Mar Mié Jue Vie Sáb Dom	Lun Mar Mié Jue Vie Sáb Dom	Lun Mar Mié Jue Vie Sáb Dom
1 2 3 4 5 6 7	1 2 3 4	1 2 3 4	1	1 2 3 4 5 6	1 2 3
8 9 10 11 12 13 14	5 6 7 8 9 10 11	5 6 7 8 9 10 11	2 3 4 5 6 7 8	7 8 9 10 11 12 13	4 5 6 7 8 9 10
15 16 17 18 19 20 21	12 13 14 15 16 17 18	12 13 14 15 16 17 18	9 10 11 12 13 14 15	14 15 16 17 18 19 20	11 12 13 14 15 16 17
22 23 24 25 26 27 28	19 20 21 22 23 24 25	19 20 21 22 23 24 25	16 17 18 19 20 21 22	21 22 23 24 25 26 27	18 19 20 21 22 23 24
29 30 31	26 27 28	26 27 28 29 30 31	23 24 25 26 27 28 29 30	28 29 30 31	25 26 27 28 29 30

JULIO	AGOSTO	SEPTIEMBRE	OCTUBRE	NOVIEMBRE	DICIEMBRE
Lun Mar Mié Jue Vie Sáb Dom	Lun Mar Mié Jue Vie Sáb Dom	Lun Mar Mié Jue Vie Sáb Dom	Lun Mar Mié Jue Vie Sáb Dom	Lun Mar Mié Jue Vie Sáb Dom	Lun Mar Mié Jue Vie Sáb Dom
1	1 2 3 4 5	1 2	1 2 3 4 5 6 7	1 2 3 4	1 2
2 3 4 5 6 7 8	6 7 8 9 10 11 12	3 4 5 6 7 8 9	8 9 10 11 12 13 14	5 6 7 8 9 10 11	3 4 5 6 7 8 9
9 10 11 12 13 14 15	13 14 15 16 17 18 19	10 11 12 13 14 15 16	15 16 17 18 19 20 21	12 13 14 15 16 17 18	10 11 12 13 14 15 16
16 17 18 19 20 21 22	20 21 22 23 24 25 26	17 18 19 20 21 22 23	22 23 24 25 26 27 28	19 20 21 22 23 24 25	17 18 19 20 21 22 23
23 24 25 26 27 28 29	27 28 29 30 31	24 25 26 27 28 29 30	29 30 31	26 27 28 29 30	24 25 26 27 28 29 30
30 31					31

C. Pregunta a tus compañeros cuándo es su cumpleaños. Después, todos de pie y en fila (de enero a diciembre), cada uno dice el día de su cumpleaños para controlar que el orden es correcto.

2 EL CONCURSO DEL TIEMPO

Participamos en un juego en equipos. Las reglas son las siguientes:

- Sigue el orden de las horas del reloj para superar las doce pruebas.
- Gana el equipo que resuelve la prueba correctamente en menos tiempo.
- Se empieza a jugar a la una en punto.

PRUEBAS

1. Escribe los meses de verano.
2. Relaciona los planetas (Marte, Júpiter, Mercurio, Saturno, Venus) y la Luna con los días de la semana.
3. Tu compañero de equipo tiene que marcar tres horas diferentes de reloj con su cuerpo y vosotros tenéis que adivinarlo.
4. Colorea en este reloj estas franjas horarias: por la mañana, a mediodía, por la tarde, por la noche.
5. Relaciona las diferentes franjas horarias de la prueba anterior con el tipo de comida: cena, merienda, comida y desayuno.
6. Dibuja iconos para las cuatro estaciones.
7. Contesta: ¿Cuántos minutos tiene media hora?
8. Escribe las fechas de cumpleaños de los miembros de tu equipo.
9. ¿Qué hora es ahora en Londres, Roma y Nueva York?
10. Piensa en una actividad que en España se hace en una hora diferente que en tu país. Escribe la frase.
11. Escribe estas horas en letra: 12:45, 13:15 y 21:30.
12. Di los meses del año en español desde diciembre hacia atrás.

3. ¿QUÉ ME PONGO?

A. Lee estos dos anuncios de moda y relaciona cada uno con su foto. ¿Para qué estación del año es?

Llega el buen tiempo

Hace calor, hace sol.
Es el momento de salir a la calle.
La moda de este año son colores claros: blancos, rosas.
Para él, los tradicionales vaqueros, camisetas blancas y chaquetas informales.
Para ella, ropa muy cómoda y de colores alegres: pantalones de flores y camisas blancas, rosas o amarillas.

Y NO OLVIDES TUS GAFAS DE SOL.
¡ESTÁN DE MODA!

Abrígate

El frío y la blanca nieve no son un problema. Si nieva, llueve o hace frío, es época de buenos abrigos, guantes y gorros clásicos. Botas y pantalones largos. Cazadoras nórdicas calientes. Esta temporada se impone el azul, el gris y el marrón.

Y NO OLVIDES TUS GUANTES Y GORROS
¡ESTÁN DE MODA!

B. Observa, relaciona y forma frases.

a. Si hace frío…
b. Si hace calor…
c. Si nieva…
d. Si hace sol…
e. Si llueve…

1. llevo un paraguas.
2. llevo unas gafas de sol.
3. me pongo una camiseta y pantalones cortos.
4. me pongo unas botas.
5. me pongo unos guantes y un gorro.

C. Busca los verbos en las frases anteriores y completa el cuadro. Ej. 5, p. 72

Hablar del tiempo y el clima

Se usa el verbo _____ con *calor*, *frío*, *sol*, y los verbos *llover* y *nevar* en _____ persona del singular para indicar impersonalidad.

D. Escribe tu anuncio de moda. Con la ropa que llevas y el tiempo que hace, escribe un anuncio como los de la actividad A.

UNIDAD 6 | ¿CUÁL ES TU IMAGEN? | SECUENCIA 3

1 EL NUEVO YO

A. Lee el anuncio sobre una nueva aplicación para tu móvil y responde: ¿Cómo se llama? ¿Para qué sirve? ¿Cómo funciona?

Mujiyo.app

Mujiyo es una aplicación para tu móvil. Se usa para crear el emoticono personal para tus redes sociales: WhatsApp, Snapchat, etc.

Es un avatar que se parece a ti. Puedes transformar tu aspecto físico y crear un nuevo *yo* como a ti te gusta. ¡También puedes ser un animal!

¡Es superfácil!

- Seleccionas en la pantalla tus preferencias, o...
- Le das instrucciones a Sira, tu asistente virtual.

¿Te gusta?
¡Este mes es gratis!

B. Ahora que ya tienes tu aplicación, elige las opciones para tu avatar. *Ej. 6, p. 73*

C. Observa las opciones elegidas por tu compañero y decide si su avatar es muy diferente a él. ¿Qué aspectos cambian?

> Tus ojos son diferentes, son azules.

> Tu pelo es igual.

2 MI AVATAR

A. Sira, la asistente virtual de esta aplicación, quiere ayudar a Lidia a diseñar su avatar.

  a. Toma nota de sus respuestas y dibuja.

  b. Después, compara con el dibujo de tu compañero. ¿Se parecen?

B. Lee cuándo usamos *ser*, *tener* y *llevar* y da ejemplos.

> **Para describir físicamente**
>
> - Usamos **tener** con nombres.
>   *Tiene los ojos verdes.*
> - Usamos **llevar** con *barba*, *bigote*, *gafas*.
>   *Lleva gafas*.
> - Usamos **ser** con adjetivos.
>   *Es alto.*

C. Observa las preguntas de Sira y elige la opción correcta. Ej. 7 y 8, p. 73

  a. ¿*Eres*/*Tienes* una mujer o un hombre?

  b. ¿*Llevas*/*Eres* alta o baja?

  c. ¿*Tienes*/*Eres* gorda o delgada?

  d. ¿*Tienes*/*Llevas* la nariz y la boca grandes o pequeñas?

  e. ¿*Llevas*/*Tienes* los ojos azules, verdes o marrones?

  f. ¿*Llevas*/*Tienes* los ojos grandes o pequeños?

  g. ¿*Tienes*/*Eres* el pelo rubio, castaño, pelirrojo, negro o blanco?

  h. ¿*Eres*/*Llevas* barba o bigote?

  i. ¿Qué ropa *llevas*/*eres*?

D. Diseña el avatar de tu compañero en un *post-it*.

  a. Haz las preguntas necesarias.

  b. Tu profesor recoge los avatares de toda la clase y los pega en la pizarra. En parejas, tienes que descubrir a qué compañeros de la clase corresponden esos avatares. Escribe el nombre debajo del avatar.

UNIDAD 6 | ¿CUÁL ES TU IMAGEN? | EJERCICIOS

GRAMÁTICA Y LÉXICO

1 Elige un color y completa con la forma correcta.

1. Falda _____
2. Pantalones _____
3. Abrigo _____
4. Vestidos _____
5. Camiseta _____
6. Jersey _____
7. Camisa _____
8. Mochila _____
9. Gorro _____
10. Bolso _____
11. Sudadera _____
12. Botas _____

2 Completa si es necesario.

1. Un__ pantalones azul__
2. Un__ camiseta blanc__
3. Un__ vestido verd__
4. Un__ gorra amarill__
5. Un__ jersey naranj__
6. Un__ pañuelo gris__
7. Un__ bufanda roj__
8. Un__ chaqueta negr__

3 Escribe estos precios en letras.

56 € _____
24 € _____
97 € _____
112 € _____
78 € _____
143 € _____

4 Lee las frases y subraya la opción correcta.

1. Tengo que *comprar/ir de compras* ropa de trabajo.
2. ¿Qué *necesitas/necesitar* para la fiesta de mañana?
3. No quiero más *ropa/ropas*, tengo demasiada.
4. Yo *necesito/necesita* un armario nuevo.
5. *Necesitas/Necesitas que* unas buenas botas de montaña.
6. Cuando voy de compras, *debe/debo* elegir mejor la ropa.

5 Completa estas frases sobre el clima en España.

> llueve | hace (2) | templado | es | clima
> frío | agosto | nieva | otoño

El (1) _____ en España es muy variado. En verano (2) _____ mucho calor, especialmente durante los meses de julio y (3) _____. En (4) _____ y en primavera, el clima (5) _____ variable. Algunos días (6) _____ mucho, pero otros días (7) _____ sol y bastante calor, especialmente en el sur. El clima en invierno es (8) _____ y lluvioso. Hay zonas en el interior en las que (9) _____ mucho y se puede esquiar, pero en la costa el clima es más (10) _____.

6 Relaciona.

pelo **1.** ○   ○ **a.** rubio
ojos **2.** ○   ○ **b.** pequeña
boca **3.** ○   ○ **c.** negra
barba **4.** ○   ○ **d.** azules
bigote **5.** ○   ○ **e.** alta
mujer **6.** ○   ○ **f.** pequeño

7 Pregunta con el verbo adecuado: ser, llevar y tener.

1. ¿_____ hombre o mujer?
2. ¿_____ los ojos marrones o verdes?
3. ¿_____ alto/a o bajo/a?
4. ¿_____ la boca grande o pequeña?
5. ¿_____ barba o bigote?
6. ¿_____ el pelo rubio, castaño o pelirrojo?

8 Mira el avatar de Laura y di si las frases son verdaderas o falsas. Después, cambia las frases falsas a verdaderas.

  V / F

1. Es morena. ☐
2. Tiene la boca muy grande. ☐
3. Lleva gafas. ☐
4. Tiene los ojos marrones. ☐
5. Tiene el pelo corto. ☐
6. Lleva una camiseta blanca. ☐

CREA TU PROPIO DICCIONARIO

Elige cuatro maniquíes (dos mujeres y dos hombres). Escribe los nombres de las prendas y los colores que llevan.

EXPERIENCIA CULTURAL

Colores y personalidad

negro | gris | rojo | naranja | verde | blanco | azul | morado | marrón | amarillo

En general, cada color tiene un significado, por ejemplo, el color azul se relaciona con la tranquilidad, es el color del cielo en calma, pero, al mismo tiempo, también se percibe como un color frío por su relación con la lluvia.

Existen estudios psicológicos que demuestran que los colores influyen en el ánimo de una persona y, según las estadísticas, hay mucha relación entre los colores favoritos de las personas y su personalidad. Por ejemplo:

- El _____ es el color de la noche y se asocia con el poder y la inteligencia. Es un color clásico. La ropa de este color resalta la figura de la persona que lo lleva.
- El algodón, la nieve y la luz tienen este color. El _____ simboliza el inicio de algo nuevo, por eso, en muchas culturas, las novias llevan este color el día de su boda. En otras culturas es el color del año nuevo.
- Entre el negro y el blanco está el color _____. Se asocia a la depresión y a la tristeza. Las personas mayores tienen el pelo de este color y por eso se asocia a la sabiduría.
- El _____ se asocia con el amor, la pasión y la energía. Es muy alegre. En muchos países, por ejemplo, en China, se relaciona con la buena suerte, por eso, en Año Nuevo, muchos chinos usan ropa de este color.
- El _____ es un color que eligen muchas personas para vestir, porque se asocia con la calma y con la relajación. Es el color del cielo y del mar.
- El _____ está relacionado con la Naturaleza. Produce calma y armonía. Popularmente, está relacionado con la buena suerte y la esperanza. Es el color simbólico de Irlanda.
- El color del sol y del limón es el _____. Las personas que utilizan este color son alegres y optimistas. Este color actúa en el cerebro aumentando la sensación de bienestar.
- El _____ está asociado a la alegría y la diversión. En verano es fácil utilizar este color en la ropa. Es el color preferido de los holandeses.
- El _____ es un color que se asocia con las familias reales, por eso llevan ropa de este color. Es el color de la riqueza. En España, es el color del Día de la Mujer trabajadora.
- El _____ significa estabilidad y constancia. Este color es apropiado para dar una imagen de persona ordenada y responsable. Es el color del otoño.

01 Lee el texto sobre los colores y completa con el nombre del color que falta según su significado.

02 ¿Estás de acuerdo con lo que has leído? ¿Cuál es tu color favorito?

03 Haz una encuesta a tus compañeros y averigua cuál es el color favorito de la clase.

04 Observa las fotos de trajes regionales, elige una y describe:
a. ¿Cómo son físicamente?
b. ¿Qué ropa llevan y de qué color?

MI EXPERIENCIA

Me visto de manera diferente

★ Cuando salgo a correr, llevo ropa cómoda. En la foto llevo una camiseta azul, unos pantalones cortos, una gorra y unas buenas zapatillas.

★ Hazte fotos en tu ciudad, describe lo que haces y la ropa que llevas. Puedes elegir otra situación.

◉ Cuando voy a la escuela:

◉ Cuando voy a un concierto:

◉ Cuando voy a la playa:

◉ Cuando voy de excursión:

◉ Cuando estoy en casa:

Utiliza cualquier material…

setenta y cinco | **75**

Unidad 7

¿Tienes una vida sana?

OBJETIVO
Aconsejar hábitos saludables

PRAGMÁTICA
- Hablar de hábitos saludables
- Dar consejos
- Pedir un menú saludable
- Expresar deseos

GRAMÁTICA
- *Es bueno/necesario* + infinitivo/nombre
- *Deber* + infinitivo
- Los verbos irregulares: *dar, reírse, vestirse, acostarse*
- Conectores: *y, pero*
- *Mucho, algo, poco* y *nada*

LÉXICO
- Los hábitos saludables
- Los alimentos
- Los deportes

Mi experiencia
Tengo una vida sana

Hábitos saludables

A. Observa la revista. Marca qué información crees que ofrece.

- Actividades para ser feliz. ☐
- Alimentos que ayudan a dormir bien. ☐
- Comida sana. ☐
- Descanso y relax. ☐
- Rutina y felicidad. ☐
- Los mejores deportistas españoles. ☐
- Dieta inteligente. ☐
- Tener una vida larga y saludable. ☐
- Deportes de moda. ☐

B. ¿Qué fotos relacionas con la información anterior? ¿Con cuál te identificas?

UNIDAD 7 | ¿TIENES UNA VIDA SANA? | SECUENCIA 1

1. las uvas ✓
2. el brécol
3. la berenjena
4. las setas
5. los pimientos
6. los limones
7. el jamón
8. los plátanos
9. la piña
10. el pollo
11. el pescado
12. las salchichas
13. la leche
14. el queso
15. el arroz
16. el yogur
17. el pan
18. las patatas
19. la zanahoria
20. la pasta
21. la lechuga
22. el aceite
23. la mantequilla
24. el chocolate
25. los huevos

1 ALIMENTARNOS BIEN

A. ¿Reconoces los alimentos que aparecen en la imagen? Relaciona cada nombre con el alimento adecuado.

B. Clasifica los alimentos anteriores y añade otros que conoces. *Ej. 1, p. 84*

Frutas y verduras (vitaminas)	Carne, pescado y huevos (proteínas)	Lácteos	Cereales y patatas (hidratos de carbono)	Aceite, mantequilla... (grasas)

C. ¿Con qué frecuencia consumes estos alimentos? Coméntalo en clase.

AYUDA

➔ **Expresiones de frecuencia**
- Siempre/Todos los días
- Muchas veces/Tres veces a la semana
- A veces/Dos veces al mes
- Nunca

Yo muchas veces bebo leche, pero nunca tomo mantequilla.

2 COMER PARA VIVIR MEJOR

A. Antes de leer tres artículos de la revista *Vida Sana* sobre alimentación, con tu compañero, responde *Sí* o *No*.

	Antes de leer		Después de leer	
	Sí	No	Sí	No
a. Para dormir bien, es bueno tomar leche muy fría.	☐	☐	☐	☐
b. El queso para cenar causa insomnio.	☐	☐	☐	☐
c. El chocolate alimenta la memoria.	☐	☐	☐	☐
d. Para desayunar, un café es suficiente para activarnos.	☐	☐	☐	☐
e. Para la depresión, es bueno el azúcar.	☐	☐	☐	☐
f. Si tomas chocolate, puedes vivir más años.	☐	☐	☐	☐

B. Ahora, lee los artículos y comprueba tus respuestas. ¿Qué te sorprende? ¿Por qué? `Ej. 2, p. 84`

Comer para dormir bien

Algunos alimentos son excelentes para el descanso y nos ayudan contra el estrés. Para dormir bien, dicen nuestras abuelas que es bueno beber un vaso de leche caliente antes de acostarse, porque tiene un efecto sedante.

Otros alimentos recomendables en la cena son los cereales, el yogur y los plátanos. Atención con el café y el chocolate, estos alimentos en la cena provocan insomnio, porque son excitantes. ¡Y recuerda que las cenas deben ser ligeras!

Alimenta tu cerebro

El cerebro también necesita cuidados. No solo ==es necesario hacer gimnasia mental== con ejercicios mnemotécnicos. También, para la actividad intelectual, ==debes comer de forma ordenada.== Por las mañanas ==son necesarios los alimentos activadores==: frutas, cereales y yogur o queso, para empezar bien el día. ==Para el cerebro es bueno el pescado==, porque tiene omega 3, y los huevos benefician el sistema nervioso. Un dato curioso: ==para la memoria son buenos 30 gramos de chocolate negro al día.==

Comer para ser feliz

El ritmo de vida que tenemos puede provocar depresión y afectar a nuestro bienestar. Hay estudios que dicen qué alimentos son buenos para combatir la depresión, por ejemplo: el pescado azul, la soja, la fruta, el arroz integral y la verdura. Debes eliminar el azúcar y el alcohol de tu dieta. Sin embargo, el consumo moderado de chocolate es muy bueno para la salud de las emociones, da fuerza al cerebro y alarga la vida.

C. En el texto *Alimenta tu cerebro* las frases marcadas expresan consejos. Observa y relaciona, como en el ejemplo.

Dar consejos

Es necesario… ⟶ + verbo en infinitivo
Son necesarios…
Es bueno…
Son buenos… + nombre singular o plural
Debes…

D. Ahora, busca ejemplos en los otros dos textos. `Ej. 3, p. 84`

E. Escucha a este experto hablar sobre la salud de los ojos. Toma nota para escribir tres consejos. (16)

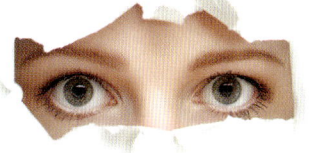

setenta y nueve | **79**

UNIDAD 7 | ¿TIENES UNA VIDA SANA? | SECUENCIA 2

1 EN EL RESTAURANTE

A. ¿Qué pides normalmente? ¿Y tu compañero?

- La carne
- El pescado
- Los huevos
- La verdura
- La pasta
- Las patatas

Yo, siempre pido verdura.

Yo, normalmente, pido pescado.

El menú de Manuela
De lunes a viernes a mediodía

Primeros
- Ensalada
- Sopa del día
- Menestra de verduras
- Ensaladilla rusa

Segundos
- Huevos con patatas
- Bistec con ensalada
- Pescado al horno
- Pollo asado

Postres
- Helado
- Flan
- Fruta
- Tarta

Bebida y pan

IVA INCLUIDO 10€

 B. Dos amigos cenan en el restaurante Manuela. Escucha y completa las frases.

17

1. ¡Hola!, una mesa _____, por favor.
2. A ver... **Mira**, _____ menestra, me encanta.
3. ¿_____ qué son los huevos a la flamenca?
4. ¡**Oye**!, tienen _____, ¡qué bien!
5. Sí, ya podemos pedir. **Perdone**, si quiere _____...

6. De primero, _____ menestra y ensalada _____.
7. El pescado al horno, ¿_____?
8. Pues _____ salmón para mí.

 C. La cena continúa. Escucha y responde.

18

1. ¿Con qué dos adjetivos describen la comida?
2. ¿Qué dos cosas les faltan?
3. ¿Qué piden de postre?

D. Aquí tienes algunas frases de la conversación. ¿Quién las dice, la camarera (c) o los clientes (cl)? Luego, clasifícalas. `Ej. 4, p. 84`

1. ¿Qué tal el bistec?
2. ¿Puede traerme, por favor, otra botella de agua?
3. El helado, ¿de qué es?
4. Perdone, ¿un **poco** más de pan, por favor?
5. ¿Vas a tomar algo de postre?
6. ¿Quieren postre?
7. Yo no voy a tomar **nada**. He comido **mucho**.
8. ¿Todo bien?

Preguntar algo	Pedir algo

E. Observa las palabras marcadas en las frases anteriores y completa el cuadro. `Ej. 5, p. 84`

Las expresiones de cantidad

+
Mucho
Un _____ de
algo
_____
−

F. Simula con dos compañeros: uno es un camarero del restaurante Manuela, los otros dos son clientes. Ordena los pasos y desarrolla la situación.

☐ Pedir los platos
☐ Preguntar por los platos
☐ Pedir el postre
☐ Hablar sobre el menú
☐ Pedir el menú
☐ Pagar
☐ Pedir la cuenta

PEDIR
pido
pides
pide
pedimos
pedís
piden

2 HÁBITOS SALUDABLES

A. ¿Qué es un hábito saludable? Con tu compañero escribe ejemplos.

B. Ahora, lee este póster de hábitos diarios. ¿Son los mismos que los tuyos? Discute en clase si estás de acuerdo con ellos.

C. Selecciona los mejores hábitos de esta lista, indica la cantidad adecuada y crea, con tus compañeros, un nuevo póster.

- ☐ Dar (n.º __) paseos
- ☐ Dar (n.º __) abrazos
- ☐ Tomar (n.º __) refrescos
- ☐ Tomar (n.º __) tazas de café
- ☐ Tomar (n.º __) minutos de sol
- ☐ Comer (n.º __) gramos de chocolate
- ☐ Tomar (n.º __) medicamentos
- ☐ Dormir (n.º __) siestas
- ☐ Beber (n.º __) vasos de leche
- ☐ Trabajar (n.º __) horas
- ☐ Hacer (n.º __) horas de yoga
- ☐ Otros _____

D. Clasifica todos los hábitos anteriores según el verbo que los acompaña.

Hacer
ejercicio

Comer
frutas

Beber
agua

Tomar
té

Dar
un paseo

HÁBITOS DIARIOS
QUE MEJORAN TU VIDA

1. HACER HORA DE EJERCICIO
2. BEBER LITROS DE AGUA
3. TOMAR TAZAS DE TÉ
4. COMER PIEZAS DE FRUTA
5. HACER COMIDAS
6. ESCUCHAR CANCIONES QUE TE GUSTAN
7. REÍRSE MINUTOS
8. DORMIR HORAS
9. LEER PÁGINAS DE UN BUEN LIBRO
10. HACER MINUTOS DE MEDITACIÓN

E. Completa estos verbos irregulares.

DAR	REÍRSE	HACER
doy	me río	
	te	haces
da	se ríe	
	nos	
dais	os	hacéis
	se ríen	

F. Marca en el ejercicio **C** qué hábitos tienes. Compara con tu compañero y sugiere cambios para mejorar su vida.

Pues yo tomo café para desayunar, después de comer y por la tarde.

¡Tres cafés son muchos! Creo que debes cambiar el café de la tarde por un té.

UNIDAD **7** | **¿TIENES UNA VIDA SANA?** | SECUENCIA **3**

1 EN FORMA CON EL DEPORTE

A. ¿Conoces a estos deportistas españoles? Lee la información y relaciona sus nombres con la foto. Después, di qué deportistas importantes hay en tu país.

1. **Bádminton:** Carolina Marín | 2. **Natación:** Mireia Belmonte | 3. **Tenis:** Rafa Nadal | 4. **Patinaje:** Javier Fernández
5. **Ciclismo:** Alberto Contador | 6. **Montañismo:** Edurne Pasabán

B. Aquí tienes las actividades más practicadas por los españoles. ¿Es similar en tu país? Y tú, ¿qué actividades haces para estar en forma?

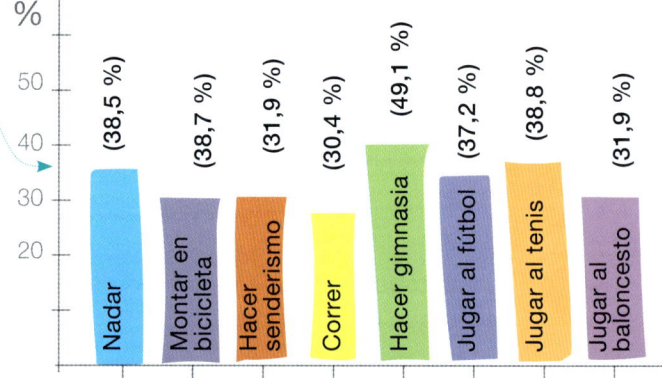

C. Lee este texto y descubre qué deportes están de moda. ¿Los conoces?

> Hacer deporte es habitual, pero ahora están de moda entre los más jóvenes los deportes de aventura (el descenso de ríos o *rafting* y la bicicleta de montaña o *mountain bike*) y los deportes que se practican en la ciudad (*parkour* y el monopatín o *skateboarding*).

D. Describe las actividades deportivas tradicionales y las que están de moda en tu país. **Ej. 6, p. 84**

> *En mi país los jóvenes practican… en los parques y…*

Conectores: y/pero

- **y** añade información similar.
- **pero** añade información diferente.

bicicleta de montaña

descenso de ríos

parkour

2 EL RITUAL DE LA FELICIDAD

A. Para tener una vida sana es importante la salud emocional. Aquí tienes un ritual de la felicidad. ¿Qué actividades te hacen feliz?

B. Compara tus actividades con las de tu compañero. ¿Podéis añadir alguna nueva al cartel?

C. 🔊 19 Un reportero de la revista *Vida Sana* pregunta por las rutinas para ser más felices. Escucha y toma nota.

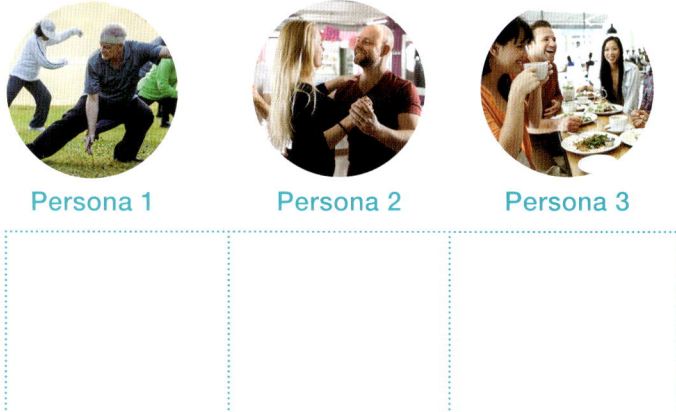

Persona 1   Persona 2   Persona 3

D. Identifica en estos fragmentos de la entrevista los verbos reflexivos.

1. Todos los días me levanto temprano, me visto con ropa cómoda y voy al parque con mis amigos. Allí hacemos taichí y saludamos así al nuevo día. Cuando vuelvo a casa, me ducho, tomo un desayuno muy completo y así empiezo el día con buena energía.

2. Dos noches a la semana, mi pareja y yo nos vestimos para ir a clase de salsa. Después de tanto ejercicio, nos acostamos cansados, pero felices.

3. Los miércoles ceno en un restaurante con mis amigas y hablamos de nuestras cosas. Esa noche no me acuesto muy tarde, porque al día siguiente me levanto muy temprano.

E. Estos verbos son reflexivos e irregulares. Completa la conjugación. `Ej. 7 y 8, p. 85`

	VESTIRSE	ACOSTARSE
yo		
tú	te vistes	te acuestas
él, ella, usted		se acuesta
nosotros/as		
vosotros/as	os vestís	os acostáis
ellos, ellas, ustedes	se visten	

F. Con tu compañero, escribe cinco actividades que te hacen feliz. Comparte la experiencia en clase.

Nosotros hacemos ejercicio al aire libre y escuchamos música clásica.

UNIDAD 7 | ¿TIENES UNA VIDA SANA? | EJERCICIOS

GRAMÁTICA Y LÉXICO

1 Completa este texto con las siguientes palabras.

> deporte | buenas | beber | después
> hacer | pescado | comer | demasiada

LA DIETA PARA LOS DEPORTISTAS

El ejercicio nos ayuda a estar en forma. Para disfrutar del _____, debes _____ mucha agua. Antes de _____ deporte, es recomendable _____ pasta, pan u otros cereales, carne, _____ o huevos, porque aportan muchas proteínas y energía. Atención a los refrescos energéticos que llevan _____ azúcar, porque es una energía de consumo rápido. _____, para recuperar los minerales consumidos durante el ejercicio, son _____ las frutas.

2 Completa estas entrevistas sobre vida sana con los verbos en la forma correcta.

> dar | dormir (4) | hacer (4) | ir
> jugar (2) | reírse | ver (2)

– ¿_____ deporte todos los días?
– Bueno, _____ un paseo por las mañanas y los domingos _____ taichí en el parque.
– ¿_____ la siesta?
– Sí, todos los días _____ 15 o 20 minutos.
– ¿_____ otras actividades?
– Sí, _____ a las cartas con amigos y lo pasamos muy bien, _____ mucho.

– ¿_____ deporte?
– Sí, _____ al gimnasio casi todos los días.
– ¿_____ la siesta después de comer?
– Normalmente no tenemos tiempo. A veces _____ la siesta durante el fin de semana.
– ¿_____ mucho la tele?
– No, no _____ la tele, pero _____ con la consola muchos días.

3 Elige la opción correcta.

1. Hay que *beber/bebe* agua.
2. Es *necesario/necesaria* comer fruta.
3. No es bueno *bebo/beber* refrescos.
4. *Jugar/Hacer* deporte es recomendable.
5. El chocolate *es/son* bueno para la memoria.
6. *Comer/Tomar* mucho azúcar es malo para la salud.

4 Lee estas preguntas y di qué están haciendo.

a. preguntar por un plato
b. pedir la comida
c. pagar

1. ¿Nos trae la cuenta, por favor? ☐
2. ¿Qué lleva la ensalada? ☐
3. De primero, quiero una sopa. ☐
4. ¿Puedo pagar con tarjeta? ☐
5. ¿Qué es merluza? ☐
6. De postre, helado de chocolate. ☐

5 Subraya la opción adecuada.

1. – ¿Conoces este restaurante?
   – Sí, y me gusta *mucho/muy*.
2. – ¿Puede traernos *otro/un poco de* pan, por favor?
   – Sí, ahora mismo.
3. – ¿Quieres *algo/mucho* de postre?
   – No, gracias. He comido *algo/mucho*.
4. – ¿Quieres tomar *algo/nada* más?
   – No, no quiero *algo/nada* más, gracias.
5. – ¿Habéis comido ya?
   – No, no hemos comido *mucho/nada*.

6 Lee lo que dice este deportista profesional. Elige la opción correcta.

1. No soy vegetariano, porque como carne *y/pero* pescado.
2. Soy deportista profesional, *y/pero* no voy al gimnasio.

84 | ochenta y cuatro

3. Estudio *y/pero* trabajo todos los días, estoy muy cansado.

4. No me gusta la leche, *y/pero* me encanta el queso.

5. No es bueno tomar azúcar, *y/pero* me encanta el chocolate.

6. Duermo solo siete horas al día, *y/pero* para mí es suficiente.

7 Completa la rutina de esta deportista con estos verbos en la forma correcta.

> salir | acostarse | cenar | comprar
> correr | desayunar | ducharse | ir
> levantarse ✓ | trabajar | ver | vestirse

Por la mañana *me levanto* muy temprano, a las 7:00. _____ con agua fría para activarme. Después, _____ fruta, huevo, yogur y cereales. _____ con ropa cómoda y con mis zapatillas deportivas. _____ de casa, _____ dos horas y, de vuelta a casa, _____ algo para comer. Después de comer, _____ a trabajar. _____ en un gimnasio. Soy entrenadora personal. Por la noche, _____ algo ligero mientras _____ la tele y _____ a las 23:30. ¡Bueno, los fines de semana mi rutina es diferente!

8 ¿Qué haces normalmente a estas horas?

	Durante la semana	Los fines de semana
1. A las 7:00	*Me levanto*	....
2. A las 10:00	....	*Me levanto*
3. A las 12:30	....	....
4. De 14:00 a 16:00	....	....
5. A las 18:00	....	....
6. A las 21:00	....	....
7. A las 23:00	....	....

CREA TU PROPIO DICCIONARIO
Vida sana

01 Escribe en cada pieza del puzle una idea relacionada con la vida sana.

beber agua

02 Ahora clasifica las palabras del puzle.

alimentos

....
....
....
....

hábitos saludables

....
....
....
....

deportes

....
....
....
....

EXPERIENCIA CULTURAL

La dieta mediterránea

01 Observa. ¿Cuáles de estos alimentos forman parte de la dieta de tu país? ¿Cuáles no? ¿Hay otros que no están aquí? Comenta con tu compañero.

02 Antes de leer el texto, ¿qué sabes de la dieta mediterránea? Marca si es correcto o no.

	Antes		Después	
	Sí	No	Sí	No
1. La dieta mediterránea es exclusivamente española.				
2. En la dieta mediterránea el aceite de oliva es un producto fundamental.				
3. El pan y la pasta se consumen en la dieta mediterránea.				
4. La mantequilla es un complemento de la dieta.				
5. La dieta mediterránea es un estilo de vida.				

03 Lee ahora el texto y comprueba tus respuestas.

UNA DIETA SANA

Se conoce como dieta mediterránea a una forma de alimentarse propia de algunos países mediterráneos como España, Italia, Francia, Grecia, etc. La dieta mediterránea tradicional consiste en grandes cantidades de frutas y verduras, pescado, pan, pasta, legumbres y, por supuesto, no puede faltar el aceite de oliva, nuestro producto estrella. Se dice que la dieta mediterránea es muy sana por la gran variedad de productos, porque las grasas son principalmente de origen vegetal y por la gran cantidad de fruta y verdura que se come. Además, para los países donde se sigue esta dieta, el acto de comer es una forma de vivir: comer tranquilamente, compartir la comida con los amigos y la familia, conversar…

MI EXPERIENCIA

Tengo una vida sana

✸ ¿Qué puedes hacer en tu ciudad para tener una vida sana?

....
....
....

✸ Escribe tus ideas y, si quieres, puedes hacer fotos de algunos lugares y pegarlas aquí.

Lugares donde comer sano

Lugares donde hacer ejercicio

Lugares para relajarse

Lugares para divertirse

Utiliza cualquier material…

ochenta y siete | 87

Unidad

8

¿Qué experiencias importantes has tenido?

OBJETIVO

Escribir una historia personal

PRAGMÁTICA
- Hablar de experiencias
- Hacer valoraciones
- Contar los cambios

GRAMÁTICA
- El pretérito perfecto compuesto
- Los participios regulares e irregulares
- Los marcadores *hace* y *desde hace*

LÉXICO
- La vida de una persona
- Las materias del conocimiento
- Los estados de ánimo

Mi experiencia
Comparto una experiencia

Experiencias únicas

A. En grupos de tres, ¿qué foto relacionas con cada experiencia?

a. Ganar un Óscar
b. Montar en globo
c. Viajar a Oriente
d. Tener un hijo o una hija
e. Ser campeón de motociclismo

B. Habla con tus compañeros.

a. ¿Cuál es tu foto favorita? ¿Por qué?
b. ¿Con qué fotos te identificas? ¿Por qué?

UNIDAD 8 | ¿QUÉ EXPERIENCIAS IMPORTANTES HAS TENIDO? | SECUENCIA 1

1 LOS PREMIOS NOBEL

A. ¿Qué sabes de los Premios Nobel? ¿Y tu compañero? Responde el test de la revista *Ciencia*.

CIENCIA

TEST

a. ¿Dónde se celebra la ceremonia de los Premios Nobel?
1. En Oslo.
2. En Estocolmo.
3. En Helsinki.

b. ¿Qué día se celebra?
1. El 10 de diciembre.
2. El 3 de enero.
3. El 1 de marzo.

c. Los premios tienen el nombre de Alfred Nobel, inventor de…
1. la electricidad.
2. la dinamita.
3. la penicilina.

d. ¿Qué materia no es motivo de Premio Nobel?
1. Medicina.
2. Economía.
3. Historia.

B. 🔊 20 Escucha este programa de radio y comprueba tus respuestas. Después, escucha otra vez para responder a estas preguntas.

a. ¿Qué personas famosas tienen un Premio Nobel?

b. ¿Qué reciben los ganadores?

c. ¿Para qué les dan dinero?

2 GANADORES DE UN PREMIO NOBEL

A. Observa a estos ganadores de un Premio Nobel. ¿Conoces alguno? Coméntalo con tu compañero. Después, completa con el nombre de la materia que corresponde a cada uno.

Paz | Medicina | Física (x2) | Literatura | Economía | Química

Rigoberta Menchú (_____, 1992)

Marie Curie (_____, 1903, y _____, 1911)

Paul Krugman (_____, 2008)

Alexander Fleming (_____, 1945)

Albert Einstein (_____, 1921)

Gabriela Mistral (_____, 1945)

B. Estas personas han hecho cosas extraordinarias. Relaciona a cada una con la información adecuada.

1. Ha ganado el Nobel por descubrir el radio y el polonio. ☐
2. Ha defendido los derechos de la gente de Guatemala. ☐
3. Ha descubierto la penicilina. ☐
4. Ha escrito muchos libros de poesía. ☐
5. Ha recibido el premio por su trabajo sobre el comercio internacional. ☐
6. Ha cambiado la física moderna con su teoría de la relatividad. ☐

a. Marie Curie

b. Alexander Fleming

C. Los verbos de las frases anteriores están en pretérito perfecto compuesto. `Ej. 1 y 2, p. 96`

> **Pretérito perfecto compuesto**
> El *pretérito perfecto compuesto* se forma con el verbo *haber* y un participio.

a. ¿Para qué se usa este tiempo verbal?

☐ Para hablar de hábitos, de algo que se hace todos los días.

☐ Para hablar de experiencias o hechos en el pasado, sin indicar cuándo exactamente.

c. Rigoberta Menchú

d. Albert Einstein

b. Escribe la regla para formar los participios regulares.

Participios regulares			
ganar → ganado		–ar →	
defender →		–er →	
recibir →		–ir →	

e. Paul Krugman

f. Gabriela Mistral

c. *Descubierto* y *escrito* son participios irregulares. ¿Cuál es su infinitivo?

D. Ahora, forma el pretérito perfecto compuesto.

Pretérito perfecto compuesto

he		(descubrir)
has	ganado	(ganar)
	sido	(ser)
hemos	escrito	(escribir)
habéis	cambiado	(cambiar)
		(defender)

E. Comparte con dos compañeros.
a. Algo original que has visto.
b. Algo diferente que has hecho.
c. Algo interesante que has leído.
d. Algo terrible que has escuchado.

UNIDAD 8 | ¿QUÉ EXPERIENCIAS IMPORTANTES HAS TENIDO? | SECUENCIA 2

1 GENTE EXTRAORDINARIA

A. Esta es la imagen del nuevo programa de radio *Los héroes sí existen*. ¿De qué tipo de héroes crees que hablan?

B. Escucha la presentación del programa para comprobar tus hipótesis.

C. Vuelve a escuchar con atención y responde a estas preguntas.

a. ¿Para qué público es?
b. ¿Por qué se llama *Los héroes sí existen*?
c. ¿Qué día y a qué hora puedes escuchar el programa?

D. En la página web de Radio Voz hay muchas más historias sobre héroes anónimos. Léelas para descubrir de quién es cada una. Ej. 3, p. 96

> **Expresiones de tiempo**
> El *pretérito perfecto compuesto* va con expresiones como *siempre* y *nunca*.

LOS HÉROES SÍ EXISTEN

Lucía: «Un viaje puede ser la oportunidad de cumplir tus sueños».

César: «Cada momento es único».

Olivia: «Solo tenemos una vida».

a. «He superado, después de dos años, una grave enfermedad. Ahora quiero vivir con intensidad y ayudar a otros a superar la enfermedad. He encontrado mi vocación: en el futuro quiero ser médica».

b. «Siempre he visto el mundo de una forma diferente. He escrito historias increíbles para niños y mi gran sueño ha sido hacer una película. Después de viajar a la India, mi vida ha cambiado completamente. Ahora, en Calcuta grabo mi primer documental sobre las escuelas indias».

c. «He vuelto de Lesbos, donde he realizado un voluntariado para ayudar a cientos de refugiados. Ha sido difícil y gratificante a la vez. Nunca he vivido momentos tan increíbles como ayudar a una madre a tener su primer hijo o sobrevivir a un tsunami en el mar Egeo».

2 EXPERIENCIAS IMPORTANTES

A. Los tatuajes representan diferentes experiencias de las personas. Relaciona cada una con el tatuaje adecuado.

- a. Dar la vuelta al mundo
- b. Enamorarse
- c. Leer un libro fantástico
- d. Viajar por Europa en bici
- e. Hacer el Camino de Santiago a pie
- f. Ir de safari
- g. Tener un hijo
- h. Participar en una competición deportiva
- i. Volar en globo

B. En grupo, pregunta si han vivido las experiencias anteriores. Comparte en clase las experiencias en común y haz valoraciones. Ej. 4, p. 96

¿Alguna vez habéis volado en globo?

Yo también.

Sí. Es una experiencia fantástica.

 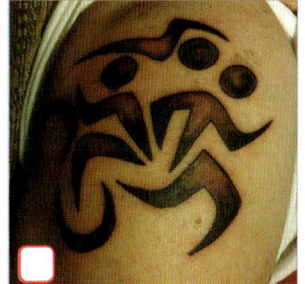 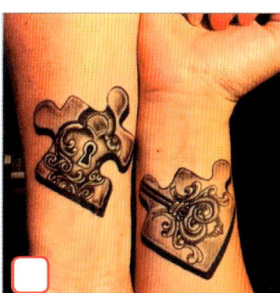
 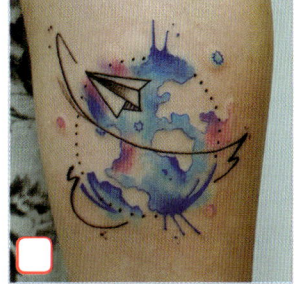 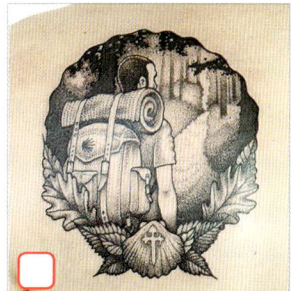
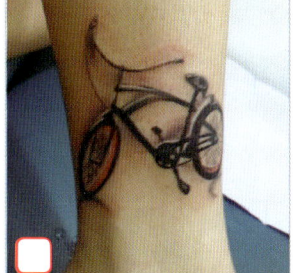  

AYUDA

◯ **Hacer valoraciones**
- Es fantástico.
- Ha sido muy interesante.
- ¡Qué bien!
- ¡Estupendo! ¡Perfecto!

ENAMORARSE

me he enamorado
te has enamorado
se ha enamorado
nos hemos enamorado
os habéis enamorado
se han enamorado

noventa y tres | 93

UNIDAD **8** | ¿QUÉ EXPERIENCIAS IMPORTANTES HAS TENIDO? | SECUENCIA **3**

1 HA SIDO UN DÍA PRECIOSO

A. Lee el correo electrónico y elige la opción correcta.

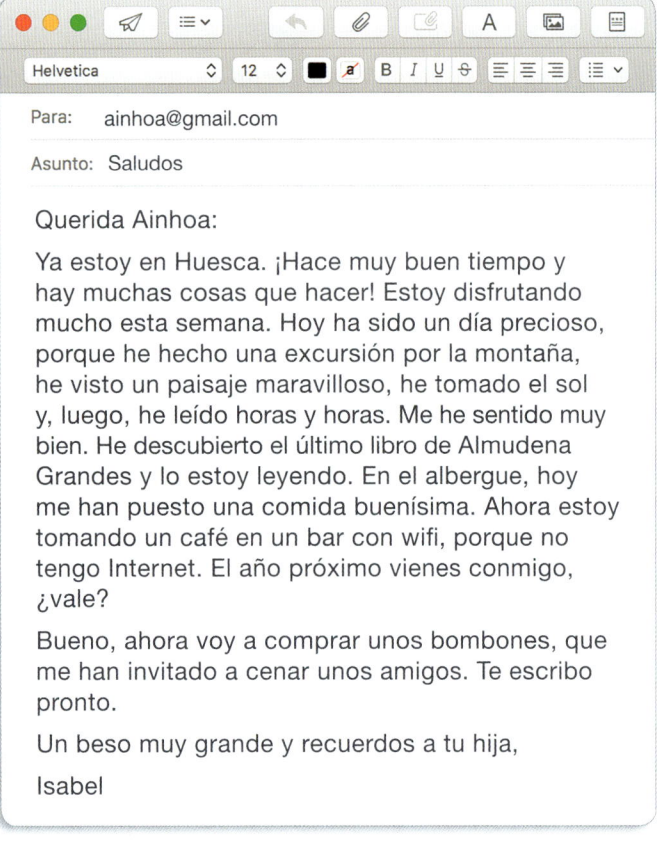

Para: ainhoa@gmail.com
Asunto: Saludos

Querida Ainhoa:

Ya estoy en Huesca. ¡Hace muy buen tiempo y hay muchas cosas que hacer! Estoy disfrutando mucho esta semana. Hoy ha sido un día precioso, porque he hecho una excursión por la montaña, he visto un paisaje maravilloso, he tomado el sol y, luego, he leído horas y horas. Me he sentido muy bien. He descubierto el último libro de Almudena Grandes y lo estoy leyendo. En el albergue, hoy me han puesto una comida buenísima. Ahora estoy tomando un café en un bar con wifi, porque no tengo Internet. El año próximo vienes conmigo, ¿vale?

Bueno, ahora voy a comprar unos bombones, que me han invitado a cenar unos amigos. Te escribo pronto.

Un beso muy grande y recuerdos a tu hija,

Isabel

a. ¿Por qué escribe Isabel el correo?
 1. Porque quiere compartir lo que hace. ☐
 2. Porque quiere hacer una pregunta. ☐

b. ¿Con quién está pasando las vacaciones Isabel?
 1. Con su familia. ☐
 2. Sola. ☐

c. ¿Cuál de estas actividades ha hecho Isabel hoy?

☐ andar   ☐ dormir la siesta
☐ tomar el sol ☐ comer
☐ leer   ☐ ir a un museo
☐ tomar un café ☐ nadar

B. Subraya en el correo las nueve frases en pasado. Hay cuatro verbos irregulares: ¿cuáles son?

C. Relaciona y descubre algunos participios irregulares. Ej. 5 y 6, p. 96

decir   1. ○   ○ a. visto
escribir   2. ○   ○ b. escrito
ver   3. ○   ○ c. hecho
hacer   4. ○   ○ d. dicho
poner   5. ○   ○ e. descubierto
descubrir 6. ○   ○ f. puesto

D. Y tú, ¿qué has hecho esta semana? Habla con tu compañero o compañera para encontrar tres cosas que habéis hecho igual y tres cosas diferentes.

E. Imagina que en vacaciones le escribes un correo a un compañero. Después, lee su correo.

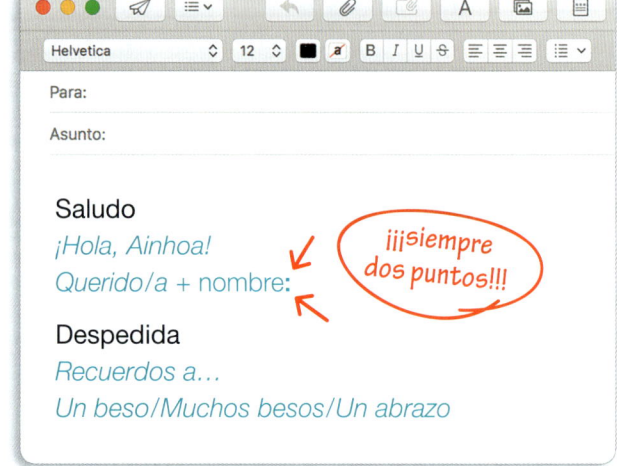

Para:
Asunto:

Saludo
¡Hola, Ainhoa!
Querido/a + nombre: ← ¡¡¡siempre dos puntos!!!

Despedida
Recuerdos a…
Un beso/Muchos besos/Un abrazo

94 | noventa y cuatro

2 HE CAMBIADO DE VIDA HASTA HOY

A. Federico, un estudiante argentino en Salamanca, nos cuenta su experiencia. Escucha y responde a estas preguntas.

a. ¿Por qué ha venido Federico a Salamanca?
b. ¿Por qué es intensa la vida de Federico?

B. Observa estas frases de la entrevista y responde a las preguntas.

a. **Hace** un año **que** vivo en Salamanca.
b. Enseño tango en un centro cultural **desde hace** dos semanas.
c. **Hace** tres meses **que** doy clases de español.
d. No como empanadas **desde hace** un año.
e. **Desde** Navidad no veo a mi familia.
f. No tengo noticias de mi novia **desde** el lunes.

1 año | Navidad | 3 meses | 2 semanas | lunes | hoy

1. ¿En qué momento se sitúan las acciones, en el pasado o en el presente?

2. ¿Qué frases indican todo el periodo de tiempo y cuáles solo el momento en el que empiezan?

C. Observa las frases anteriores y completa con: *desde, hace* o *que*. Ej. 7 y 8, p. 97

a. *Hace* + cantidad de tiempo + _____ + actividad
b. Actividad + *desde* _____ + cantidad de tiempo
c. _____ + momento o fecha + actividad

D. Observa las ilustraciones para completar los datos de la vida de Federico desde el año 2014 hasta la actualidad.

Enseña tango _____.
Vive en Salamanca _____ años.
_____ años que está con Gabriela.

E. ¿Desde cuándo haces estas actividades?

a. Estudiar español
b. Conducir
c. Viajar
d. Trabajar
e. Vivir aquí
f. Ir al gimnasio
g. Tocar un instrumento
h. Hacer un voluntariado

F. En parejas, graba una entrevista para describir la vida en vuestra ciudad.

a. Prepara el guion de la entrevista.
b. Haz las preguntas y graba.
c. Intercambia los audios con otra pareja para decidir quién de los otros dos compañeros tiene una vida más intensa.

 2014
 2015
 2017

UNIDAD 8 | ¿QUÉ EXPERIENCIAS IMPORTANTES HAS TENIDO? | EJERCICIOS

GRAMÁTICA Y LÉXICO

1 Completa este diálogo con los verbos en pretérito perfecto compuesto.

– ¡Hola!, ¿qué tal el viaje?

– _____ (Ser) muy interesante.

– ¿Y con quién _____ (ir)?

– Con mi hermano y un amigo.

– ¿Y qué países _____ (visitar, vosotros)?

– _____ (Estar) en Colombia y México y, después, mi hermano _____ (ir) a Perú, porque tiene allí un amigo.

– ¿Y _____ (ver) el Machu Picchu?

– Sí.

– Oye, ¿_____ (hacer, vosotros) un curso de baile?

– Sí, claro, _____ (bailar) salsa y cumbia.

2 Subraya la opción correcta.

1. Me *ducho*/*he duchado* todas las mañanas.
2. Nunca me *caso*/*he casado*.
3. Estoy en el último curso. Este año me *gradúo*/*he graduado* en Matemáticas.
4. ¿Te *enamoras*/*has enamorado* alguna vez de un vecino?
5. *Gana*/*Ha ganado* muchos premios, pero no es un buen actor.
6. Me *caso*/*he casado* tres veces en mi vida.

3 Lee esta historia de *Los héroes sí existen* para completarla con los participios de estos verbos.

leer | escribir | querer | publicar | hacer
ganar | ver | presentar

Siempre he _____ ser escritora de novelas de misterio.

He _____ muchos libros desde niña y he _____ muchas películas de este género.

También he _____ cursos para aprender a escribir, pero creo que es muy difícil vivir de esta profesión.

He _____ poesía, blogs de viajes, artículos de revista y una novela. Este año me he _____ a un concurso de novelas y he _____ el tercer premio. Estoy satisfecha, porque por fin he _____ mi primera novela de misterio.

4 Completa con *a*, *al*, *de*, *por* y *en* (2).

1. Mis padres han viajado _____ todo el mundo.
2. Marta ha dado la vuelta _____ mundo.
3. Yo he volado _____ globo.
4. Nos hemos graduado _____ Psicología.
5. Mi amiga se ha enamorado _____ su mejor amigo.
6. Luisa ha viajado _____ pie con su mochila.

5 Completa esta tabla con los participios o infinitivos que faltan.

Infinitivo	Participio
ganar	ganado
	recibido
defender	
escribir	
descubrir	
	hecho
	dicho
ver	
	puesto
volver	
	roto

6 Observa las imágenes y haz las preguntas.

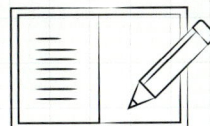 

¿Alguna vez…?   ¿Alguna vez…?

¿Alguna vez…?   ¿Alguna vez…?

7 Completa con *desde que, desde hace, hace… que*.

Klaus y yo vivimos en Málaga _____ dos años. _____ cinco años _____ estamos casados y tenemos un niño de cuatro meses. _____ el pequeño Pablo está aquí, tenemos menos tiempo para salir. _____ mucho tiempo _____ no vamos al cine y tampoco hemos ido a bailar _____ varios meses.

8 Ordena estas frases.

1. año | Hace | Salamanca. | un | vivo | en | que

2. Desde | trabajo | tres | en | banco. | hace | un | meses

3. domingo. | Estoy | desde | España | en | el

4. No | desde | un | padres | mis | veo | hace | a | mes.

5. español. | Hace | estudio | tres | que | semanas

6. desde | Trabajo | en | cafetería | mayo. | una

CREA TU PROPIO
DICCIONARIO

Recoge todas las experiencias de la unidad y clasifícalas en estas categorías. Te damos algunos ejemplos.

Personales	Académicas
tener un hijo	graduarse
....	....
....	....

Profesionales	Artísticas y deportivas
abrir un negocio	escribir un libro
....	....
....	....

Recoge los temas de los premios de la unidad. Aquí tienes unos ejemplos: Medicina, Literatura, etc.

- - - - - - - - - - - - - - - -
- - - - - - - - - - - - - - - -
- - - - - - - - - - - - - - - -
- - - - - - - - - - - - - - - -

Decide qué premio puedes dar a las experiencias que has clasificado.

EXPERIENCIA CULTURAL

Premios y premiados

01 Estos son algunos de los premios más importantes que se dan en el mundo hispano. Lee los textos y relaciona cada uno con el nombre del premio correspondiente.

Premios Grammy Latinos | Premios Goya
Premios Princesa de Asturias | Premios Cervantes

Eduardo Mendoza (escritor)

Su objetivo es premiar el trabajo científico, técnico, cultural, social y humano realizado por personas o instituciones, en el ámbito hispánico o internacional. Se otorgan anualmente en el Teatro Campoamor de Oviedo, capital del Principado de Asturias. Los entrega el heredero o heredera de la Corona de España.

Es el premio literario más importante en lengua castellana. Nacen en 1976 y reciben este nombre en homenaje al autor de *Don Quijote de la Mancha*. Su objetivo es premiar la obra global de un autor en lengua castellana que ha contribuido decisivamente al patrimonio cultural hispánico. La ceremonia es el 23 de abril, Día del Libro.

Tienen lugar una vez al año y se conceden a los mejores profesionales del cine español. El premio es una figura que retrata la cabeza de Goya. Desde la primera edición de 1987, en el Teatro Lope de Vega de Madrid, se entregan entre enero y febrero en un acto similar al de los Premios Óscar.

Desde el año 2000 la Academia Latina de Artes y Ciencias de la Grabación entrega estos premios que reconocen la excelencia artística y técnica de la música grabada. En la actualidad el cantante colombiano Juanes es quien tiene mayor número de estos premios, seguido del grupo puertorriqueño Calle 13 (22) y de Alejandro Sanz (20).

Penélope Cruz (actriz)

02 Contesta cuál o cuáles de los premios anteriores…

a. … se entrega en invierno.
2. … son en un teatro.
3. … tiene el nombre de un famoso escritor.
5. … se celebra una vez al año.
4. … es el más joven.
5. … los entrega un futuro rey o reina.
6. … no lo reciben solo personas.

03 ¿Con qué premio relacionas a los personajes de las fotos?

Shakira (cantante)

Javier Gómez (atleta)

Fernando Alonso (piloto)

Alejandro Sanz (cantante)

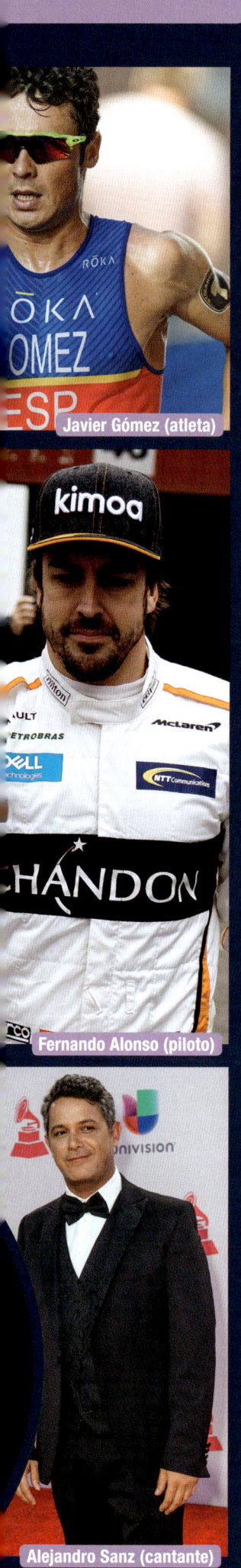

Esta ha sido mi experiencia

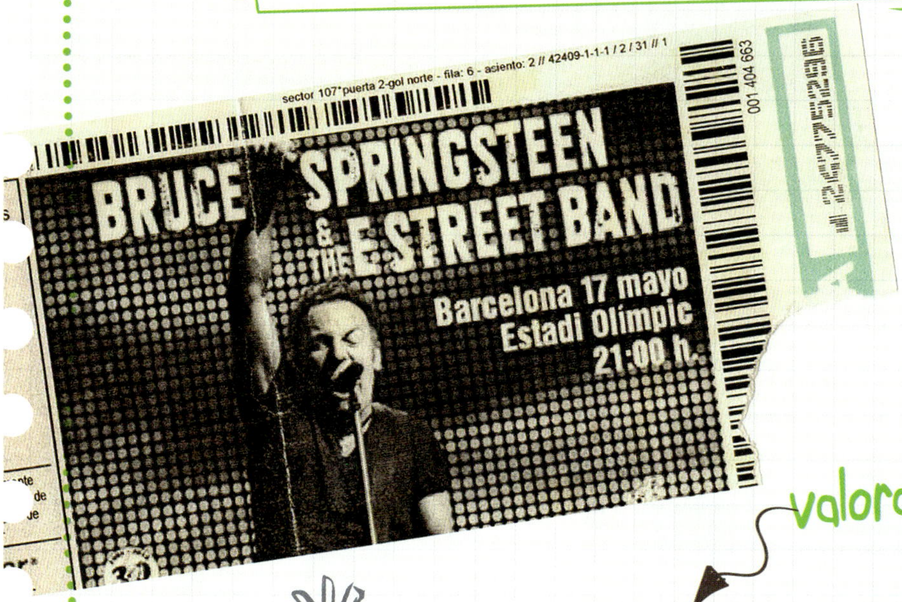

valoración

El concierto de Bruce, en Barcelona.
Ha presentado los temas de su nuevo álbum...
También hemos escuchado los clásicos.
He conocido a mucha gente.
¡Ha sido emocionante y espectacular!

Escribe, como en el ejemplo, tres experiencias importantes que has tenido. Indica dónde las has tenido y haz una valoración. Puedes añadir imágenes para ilustrarlas.

1 ....

2 ....

3 ....

Utiliza cualquier material...

Unidad

9

¿Qué tal te encuentras?

OBJETIVO

Hablar de enfermedades y remedios

PRAGMÁTICA
- Describir síntomas
- Expresar posibilidad
- Dar consejos
- Expresar causa y consecuencia

GRAMÁTICA
- El verbo *doler*
- *Deber* y *poder* + infinitivo
- *Quizá*, *a lo mejor* + indicativo
- Las palabras que terminan en *-a* y son masculinas
- Los conectores: *también*, *por eso*, *por lo tanto*, *por*, *además* y *porque*

LÉXICO
- Las partes del cuerpo
- Las enfermedades
- Los síntomas y los remedios
- El juego

Mi experiencia
Escribo sobre salud y viajes

La importancia de la salud

A. Relaciona las fotos con su descripción y, con un compañero o compañera, pon un título a cada una. Ej.1, p. 108

a. Hacer deporte es muy importante para la salud. Puedes pasear o ir en bicicleta por el campo o por un parque.

b. Hay muchas medicinas alternativas, como la reflexología.

c. No es bueno tomar medicamentos sin hablar antes con tu médico.

d. La fruta es muy buena para la salud y tiene pocas calorías. Se toma en las dietas.

e. Algunas plantas y algunas hierbas son buenas para el cuerpo.

f. Hoy hay muchas médicas y enfermeras que trabajan en los hospitales.

B. Y tú, ¿qué opinas? Escribe una frase sobre la salud.

UNIDAD 9 | ¿QUÉ TAL TE ENCUENTRAS? | SECUENCIA 1

1 EL ORDENADOR Y EL CUERPO

A. Observa y completa los nombres de las partes del cuerpo. *Ej. 2 y 3, p. 108*

estómago | espalda | muela | pierna | ojo | cuello | cabeza | rodilla | mano | dedos | hombro | pie

a. la __p____
b. el cu____
c. la __e__
d. la _o_____
e. el _i_
f. la ____o
g. la ____za
h. el __m___
i. el ___ó____
j. el _j_
k. la _i____
l. los ____s

EL SÍNDROME DEL ORDENADOR

B. Explica qué problemas provoca el ordenador, como en el ejemplo.

> *El ordenador provoca problemas en la espalda si estás mal sentado.*

C. Y en tu trabajo, ¿qué problemas puedes tener?

> *Como soy camarero, tengo problemas en las piernas, porque estoy mucho tiempo de pie.*

2 NO ME ENCUENTRO BIEN

A. Raúl siempre piensa que está enfermo, es un poco hipocondríaco. Estas son sus entradas de Instagram. Observa y completa las frases con la ayuda del cuadro.

Síntomas

- *Estoy* + adjetivo
  Estoy enfermo/cansado/mareado.
- *Me duele(n)* + artículo + sustantivo
  Me duele la espalda/el estómago.
  Me duelen los oídos/las muelas.
- *Me encuentro* + adverbio
  Me encuentro bien/mal/fatal.
- *Tengo* (+ artículo) + sustantivo
  Tengo fiebre/una alergia/tos.
- *Me he roto* + artículo + sustantivo
  Me he roto un pie/un dedo/una pierna.

Instagram

Lunes
Estoy fatal, **me duele** la _____ y **tengo** fiebre, ¡creo que casi 40!

Martes
¡Ay, ay, **me duele** el _____! Seguro que **me lo he roto** jugando al fútbol.

Miércoles
Tengo dolor de _____. Creo que he comido demasiado chocolate.

Jueves
Me duelen las _____, bueno, una. Me voy al dentista.

Viernes
No me encuentro _____. **Estoy** muy _____, como cuando estoy en un barco.

Sábado
Creo que tengo una _____. Tengo manchas rojas por todo el cuerpo.

Domingo
Hoy no me duele nada, pero seguro que tengo algo. Estoy preocupado.

¡Ay! Me duelen los oídos.

B. El verbo *doler* se usa con pronombres, como el verbo *gustar*. Completa las frases y, luego, el cuadro con un ejemplo. Ej. 4, p. 108

_____ duele la cabeza.
¿_____ duelen las piernas?
Le duele la espalda.
_____ duelen los brazos.
¿Os duele el cuello?
Les duele el estómago.

DOLER

me	*duele*
te	+ _____
nos	
	duelen
	+ _____

C. Vamos a jugar en grupos. Alguien realiza con mímica los síntomas y el resto de la clase adivina qué le pasa.

¿Qué te pasa?

UNIDAD 9 | ¿QUÉ TAL TE ENCUENTRAS? | SECUENCIA 2

1 ¿QUÉ HACES CUANDO...?

Observa las fotos y explica, como en el ejemplo, qué haces cuando...

- ... te duele la cabeza.
- ... te haces una herida.
- ... te duele la garganta.
- ... tienes alergia.
- ... te duele el estómago.
- ... te duelen los ojos.
- ... tienes fiebre.
- ... estás mareado/a.

Cuando me hago una pequeña herida, me pongo una tirita.

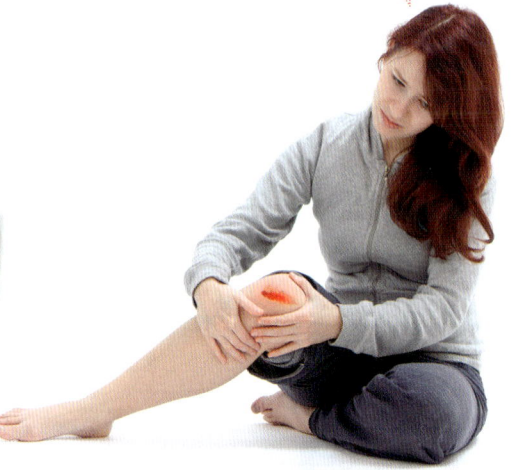

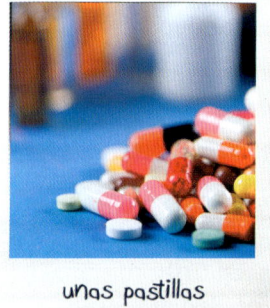
unas pastillas

unas gotas

una infusión de hierbas

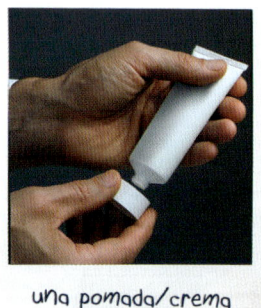
una pomada/crema

una tirita

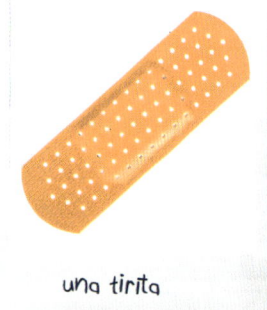

un jarabe

AYUDA

➲ **Tomar**
  - unas pastillas
  - una infusión
  - un jarabe

➲ **Ponerse**
  - una pomada/crema
  - unas gotas
  - una tirita

2 DA CONSEJOS

A. Escucha estos diálogos y completa la tabla. ¿Qué problema tienen? ¿Qué aconsejan?

🔊 23

Diálogo	Problema	Posibilidad	Consejo
1. En la farmacia			
2. En casa			

B. Ahora, mira el cuadro y escribe ejemplos de la tabla anterior. `Ej. 5, p. 108`

Expresar posibilidad
- *quizá* + indicativo
- *a lo mejor* + indicativo

Dar un consejo
- *debe/s* + presente
- *puede/s* + presente

C. Simula una conversación en parejas: tu compañero o compañera te explica un problema de salud y tú le das un consejo. Luego, cambiáis de papel. `Ej. 6 y 7, p. 108 y 109`

3 LOS BENEFICIOS FÍSICOS Y MENTALES DEL JUEGO

A. ¿Crees que los juegos son solo para los niños y niñas? ¿Por qué?

B. Lee este artículo donde un experto habla sobre los beneficios del juego. Relaciona cada párrafo con el tema del que habla.

1. Las relaciones sociales
2. Las emociones
3. El trabajo en grupo
4. Los objetivos
5. El juego durante la vida
6. Conclusiones sobre la importancia del juego
7. Las reglas

EL JUEGO Y SUS BENEFICIOS

☐ El juego es un importante componente en el aprendizaje. Durante la infancia, se aprende jugando. En la adolescencia, es una buena forma de aprender a resolver problemas. En la edad adulta, es bueno para la salud física y mental.

☐ Los juegos tienen un objetivo claro que hay que conseguir. A veces es difícil, pero desde el principio sabemos qué tenemos que hacer y cómo. Es una buena lección acerca de lo que es la vida.

☐ En todos los juegos hay que respetar unas reglas. Esto enseña a los niños la importancia de que no se puede hacer siempre lo que uno quiere. Trabajamos y vivimos en grupo y hay que respetar las normas.

☐ Es verdad que algunos juegos fomentan la competitividad, pero también desarrollan la cooperación, el trabajar juntos y ayudar a otros. El equipo es más importante que la persona.

☐ El juego desarrolla la atención, la memoria, la motivación y la habilidad social. Además, es divertido. También tiene un componente social: para muchos mayores es una manera de no estar solos.

☐ A través de los juegos, se trabajan las emociones y los valores. Hay que saber ganar y saber perder. Hay que ser honesto y no ser violento.

☐ Por lo tanto, en la educación, en el aprendizaje y en la vida social debemos jugar, porque, además de tener muchos beneficios, nos hace la vida más divertida.

C. Lee otra vez el texto y subraya los beneficios de los que se habla en cada párrafo.

D. ¿Qué beneficios te parecen más importantes? Argumenta tu opinión.

UNIDAD 9 | ¿QUÉ TAL TE ENCUENTRAS? | SECUENCIA 3

1 NUEVOS PROBLEMAS

A. Busca estas palabras en el diccionario.

- luchar
- nocivo
- infección
- higiene

B. Relaciona las palabras y las ilustraciones.

a. Los ácaros ☐
b. Los huevos ☐
c. La leche ☐
d. El polen ☐
e. Las fresas ☐
f. El trigo ☐
g. El marisco ☐
h. Los frutos secos ☐
i. El queso ☐

HABILIDADES DE APRENDIZAJE

Observar las ilustraciones y leer el título antes de un texto te ayuda a la comprensión: la predicción es una estrategia de lectura.

C. Lee el artículo y responde a estas preguntas.

a. ¿Qué son estas nuevas enfermedades?
b. ¿Por qué aparecen?
c. ¿Puedes mencionar tres tipos?
d. ¿Cómo podemos actuar al hacer la compra o en los restaurantes?

---

elmedicoenlacasa.com

elmedicoenlacasa.com INICIO   QUÉ PRETENDEMOS   SALUD Y CUIDADOS   BLOG   CONTACTO

NUEVAS ENFERMEDADES

El cuerpo tiene un sistema para luchar contra las infecciones: es el sistema inmunológico.

En la sociedad actual no entran en nuestro cuerpo muchos elementos nocivos **porque** hay mucha higiene: nos lavamos, desinfectamos… **Por lo tanto**, el sistema inmunológico tiene poco trabajo y empieza a luchar contra sí mismo. Así, hoy la gente tiene muchos problemas **por** las alergias. Se sabe que hay muchas más alergias en los países ricos que en los países pobres.

Existen muchos tipos de alergias: al sol, a los ácaros, a los animales, a los medicamentos, al polen, a los alimentos, etc. Hoy vamos a hablar de las alergias a los alimentos.

Hay personas que tienen alergias a la lactosa, **por eso** no pueden tomar queso ni leche. **También** es habitual la gente alérgica al trigo, al gluten: se llaman *celíacos*. Hoy hay muchos productos en los supermercados sin lactosa y sin gluten. **Además**, hay personas que tienen alergias muy específicas a algunos alimentos: a las fresas, a los tomates, a los huevos, a los frutos secos, al marisco, etc.

En las etiquetas de los productos, normalmente está escrito si es apropiado para alérgicos y los ingredientes que tienen. En todos los restaurantes, encontramos esta información en el menú. Si no es así, debes preguntar.

2 LAS ALERGIAS MÁS FRECUENTES

A. Estas son las ideas principales del artículo anterior. Ordénalas.

- ☐ Ahora hay más alergias.
- ☐ El cuerpo no lucha contra elementos nocivos.
- ☐ Debemos tener cuidado con lo que comemos cuando compramos o pedimos en restaurantes.
- ☐ Hoy en día hay mucha higiene.
- ☐ El cuerpo tiene un sistema inmunológico.
- ☐ El cuerpo lucha contra sí mismo.
- ☐ Hay muchos tipos de alergias.

B. En el artículo, las frases están conectadas unas con otras. Mira las palabras marcadas y completa el cuadro. Ej. 8, p. 109

Expresiones para…

- Indicar una causa: ☐ ☐
- Añadir información: ☐ ☐
- Decir una consecuencia: ☐ ☐

C. Ahora, redacta un texto con las frases de A usando las expresiones anteriores.

D. Busca dos palabras en el artículo que terminan en –a y son masculinas. ¿Conoces alguna más? Ej. 9, p. 109

E. ¿Cuáles crees que son las alergias más frecuentes? ¿Conoces a gente con alergias? Pregunta en clase y redacta un breve artículo.

AYUDA

- ↪ Normalmente las palabras que terminan en –a son femeninas, pero algunas son masculinas, como *tema*.
- ↪ Las palabras que terminan en –o son masculinas, excepto algunas, como *mano*.

¿Tienes alguna alergia?

Sí, soy alérgico a los gatos.

ciento siete | **107**

UNIDAD 9 | ¿QUÉ TAL TE ENCUENTRAS? | EJERCICIOS

GRAMÁTICA Y LÉXICO

1 Escucha a estas personas. Numera los temas según el orden en el que aparecen.

🔊 24

Masajes ☐   Hierbas ☐

Acupuntura ☐   Meditación ☐

2 Ordena estas sílabas para encontrar las partes del cuerpo.

1. be-ca-za _____
2. da-pal-es _____
3. las-mue _____
4. go-ma-tó-es _____
5. di-ro-lla _____
6. na-pier _____

3 Busca el intruso y di a qué categoría pertenece cada serie.

> estados físicos | partes del cuerpo
> síntomas de enfermedades | partes de la cabeza
> medicinas | malestar

1. espalda • piernas • estómago • receta _____
2. ojos • rodillas • oídos • boca _____
3. tirita • jarabe • farmacia • gotas _____
4. mareado • cansado • cerrado • enfermo _____
5. fiebre • cuello • dolor • tos _____
6. me duele • estoy bien • me encuentro mal • estoy fatal _____

4 Completa con el verbo *doler* y los pronombres.

1. _____ el estómago, hemos comido mucho.
2. Estoy mareado y _____ la cabeza.
3. ¿Qué _____? Estás muy blanco.
4. A mis padres _____ la garganta.
5. A mi hijo _____ las piernas porque ha jugado toda la tarde al fútbol.
6. Si _____ las muelas, debes ir al dentista.
7. A mí no _____ nada.
8. A mi pareja y a mí _____ los pies.

5 Escribe una posibilidad o un consejo para estos problemas.

1. Me duele la cabeza. _____
2. Tengo la piel muy roja. _____
3. Me duele el estómago. _____
4. Tengo tos. _____
5. Estoy mareada. _____
6. Tengo fiebre. _____
7. Tengo una herida. _____
8. Me duele la garganta. _____

6 Escribe las preguntas a este diálogo.

– ¿_____?
– Me encuentro mal.

– ¿_____?
– La cabeza y creo que voy a vomitar.

– _____
– Sí, puede ser. He estado todo el día en la playa y se me ha olvidado el sombrero.

– ¿_____?
– Sí, por favor, un té o algo caliente.

– ¿_____?
– No, no hace falta. No voy a ir al médico. Mejor me voy a la cama.

108 | ciento ocho

7 Completa con: *ser, tener* o *estar.*

1. _____ alérgico a los frutos secos, no puedo comerlos.
2. Hoy _____ mareado porque he ido en barco.
3. Los niños _____ cansados porque han estado jugando tres horas al tenis.
4. Mi hermano _____ alergia a las fresas. No puede comerlas.
5. Me voy a la cama, _____ 39 de fiebre.
6. Mi marido _____ celíaco, por eso hay muchos productos que no puede comer.

8 Completa estas frases con los conectores.

además | también | por lo tanto
por eso | porque | por

1. Estoy muy cansada y, _____, creo que tengo fiebre.
2. Voy a usar esta crema _____ tengo la piel muy roja.
3. Estoy muy mareada. _____, voy a sentarme a descansar un poco.
4. Tengo alergia a la lactosa y, _____, no tomo leche normal.
5. Tengo alergia a los frutos secos y _____ a las fresas.
6. Esto es una reacción alérgica _____ la comida.

9 Colorea las palabras: las masculinas de un color y las femeninas de otro. Escribe el artículo.

___ salud	___ espalda	___ mano
___ día	___ fiebre	___ tos	___ piel
___ pie	___ tema	___ problema
___ leche	___ sistema	___ infección

CREA TU PROPIO DICCIONARIO

Clasifica el léxico que has aprendido en esta unidad en estos tres apartados

✱ Las partes del cuerpo

✱ Las enfermedades

✱ Los remedios

EXPERIENCIA CULTURAL

Medicina alternativa

Uno de los consejos más comunes en la televisión es que, al sentir la primera señal de un resfriado, dolor de estómago o de articulaciones, debemos ir a la farmacia. Pero, para muchos, la primera reacción es llamar a su madre o abuela... para preparar aquel remedio casero de la infancia.

Algunos remedios caseros muy populares son:

- Tomar, cuando te levantas, con el estómago vacío, un jugo o zumo de limón con agua. Limpia el estómago.
- Para los catarros y problemas respiratorios, un jugo o zumo de zanahoria, miel y limón. Además, te quita el dolor de garganta.
- Para los dolores fuertes de cabeza, una infusión de manzanilla, semillas de limón y otras hierbas, porque te ayuda a relajarte.

Un ejemplo es Nearco Rodríguez, estudiante de Enfermería de 28 años de edad, nacido en República Dominicana y que vive en Brooklyn, NY, desde 1996. «Si yo siento que me duele la garganta, me preparo el remedio que mi mamá me daba de niño», dice Rodríguez mientras se sirve una taza de té de manzanilla, anís estrellado y canela, con unas gotas de jugo de limón y una cucharadita de miel.

Adaptado de https://holadoctor.com/es/remedios-caseros/medicina-alternativa-en-la-comunidad-hispana

01 ¿Por qué muchos llaman a casa cuando están enfermos?

02 Una de las fotos no corresponde al remedio de Nearco para el resfriado. ¿Cuál?

03 ¿Tienes algún remedio casero para alguna enfermedad? ¿Cuál?

04 ¿Conoces otras terapias alternativas a la medicina tradicional? ¿Cuáles? ¿Qué opinas de ellas?

MI EXPERIENCIA

Escribo sobre salud y viajes

✱ Escribe los medicamentos que llevas en la maleta cuando viajas.

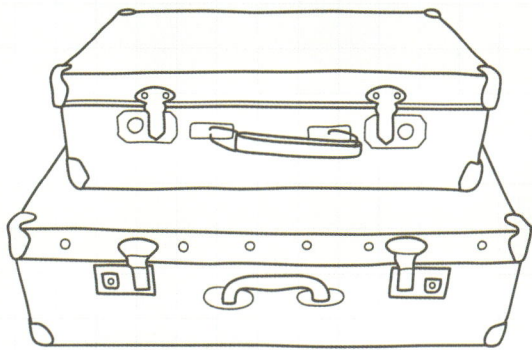

✱ Escribe tres consejos para cuidar la salud en los viajes.

Debes tener cuidado con el sol.

1. _____
2. _____
3. _____

✱ Señala tres problemas de salud que has tenido en tus viajes.

Me he mareado en un barco.

1. _____
2. _____
3. _____

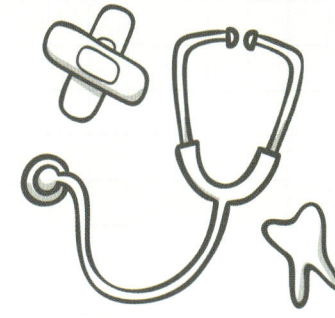

Utiliza cualquier material…

Unidad 10

¿Te gusta la naturaleza?

OBJETIVO
Describir un lugar o un recuerdo

PRAGMÁTICA
- Comparar
- Describir lugares naturales
- Describir la geografía y el clima
- Hablar del medio ambiente

GRAMÁTICA
- Los comparativos
- Los superlativos
- Los pronombres de objeto directo

LÉXICO
- Adjetivos para describir lugares
- El tiempo atmosférico y el clima
- La geografía
- La ecología

Mi experiencia
Recuerdos del campo

Titicaca (Perú)

Perito Moreno (Argentina)

Selva de Irati (Navarra, España)

Teide (Canarias, España)

Tabernas (Almería, España)

Picos de Europa (Asturias, España)

Belleza natural

A. ¿Con qué actividades relacionas la palabra *naturaleza*?

B. Observa las fotos, escucha e identifica de qué tres lugares habla. ¿Por qué son únicos? ¿Sabes algo de los otros tres?

25

DE LA CIUDAD AL CAMPO

En los últimos años, con la crisis económica, volver al campo es una alternativa a vivir en la ciudad, porque ofrece nuevas posibilidades de trabajo y la vida es más barata.

Los jóvenes que deciden ir al campo, los llamados *neorrurales*, también buscan un estilo de vida más sano, lejos del estrés, del ruido y de la contaminación de la ciudad.

El campo ofrece interesantes oportunidades de trabajo: en la ganadería y en la agricultura, con productos ecológicos o con la elaboración de productos hechos de forma artesanal, y también en el ocio, con el turismo rural. Por otro lado y gracias a las nuevas tecnologías, los neorrurales pueden hacer el mismo trabajo que en la ciudad, pero en un entorno más natural y relajado.

En resumen, volver al campo es una alternativa que ayuda a la recuperación del mundo rural, porque aumenta su población, crece su economía, se llenan las escuelas de niños y ofrece un nuevo estilo de vida para todos los que buscan una segunda oportunidad.

1 DE LA CIUDAD AL CAMPO

A. Lee el artículo sobre la vida en el campo y responde a estas preguntas. Ej. 1, p. 120

a. ¿Cómo se llaman los nuevos habitantes del mundo rural?

b. ¿Por qué hay personas que vuelven al campo?

c. ¿A qué pueden dedicarse quienes deciden vivir en el campo?

d. ¿Qué beneficios aportan al mundo rural estos nuevos habitantes?

B. Comenta en clase con qué relacionas estos aspectos: ¿con el campo, con la ciudad o con ambos? Añade otros.

a. La vida sana y relajada

b. El estrés, el ruido y la contaminación

c. La crisis o la difícil situación económica

d. El cultivo de productos naturales y la agricultura ecológica

e. El trabajo conectado a la red

f. El turismo rural

g. Una vida cómoda

h. Productos de elaboración artesanal, como el pan o el queso

i. El cine, el teatro y los museos

2 VIVIR EN EL CAMPO

A. En un foro sobre estilos de vida, hay opiniones sobre vivir en el campo y en la ciudad. Léelas y marca aquellas con las que estás de acuerdo.

 «En la ciudad hay tantas zonas verdes como en el campo. Puedes disfrutar de la naturaleza sin salir de la ciudad». *Francisco (50 años)*

 «Vivir en la ciudad es **peor**. La vida es más estresante que en el campo. Todo es muy rápido y se trabaja mucho». *Sofía (28 años)*

 «En la ciudad, con las tiendas de productos ecológicos, consumimos tantos productos naturales como en el campo». *Maite (40 años)*

 «En el campo todas las familias tienen un coche, pero es verdad que en la ciudad hay más coches que en el campo y el tráfico es **mayor**». *Manuel (35 años)*

 «La vida en el campo es menos interesante que en la ciudad. El ocio cultural en el campo es **menor**. No hay exposiciones, ni conciertos, ni cines». *Sara (17 años)*

 «Vivir en el campo es tan divertido como vivir en la ciudad. La vida social aquí es **mejor**, hay ferias gastronómicas, festivales de música…». *Héctor (18 años)*

B. Busca ejemplos en las opiniones anteriores para completar los cuadros de los comparativos. `Ej. 2, 3 y 4, p. 120`

Los comparativos

- (+) *más* + ... + *que*

- (−) *menos* + ... + *que*

- (=) *tantos/tantas* + (nombre) + *como*

- (=) *tan* + (adjetivo) + *como*

Los comparativos irregulares

bueno | malo
pequeño | grande

- *mejor* es el comparativo irregular de ____.
- *peor* es el comparativo irregular de ____.
- *mayor* es el comparativo irregular de ____.
- *menor* es el comparativo irregular de ____.

C. Elige tres de estos temas y haz comparaciones entre la ciudad y el campo.

trabajo · salud · comida · familia

cultura · naturaleza · transporte · tecnología

D. Vamos a preparar un debate: ¿qué es mejor, la ciudad o el campo?

a. Haz una lista de aspectos positivos y negativos de vivir en el campo y en la ciudad.

b. Formamos dos grupos, uno a favor de vivir en el campo y el otro, en la ciudad. Prepara tus argumentos.

c. Empieza el debate.

Yo creo que...

UNIDAD 10 | ¿TE GUSTA LA NATURALEZA? | SECUENCIA 2

1 MARAVILLAS EN HISPANOAMÉRICA

A. ¿A qué país de la lista pertenecen estos siete lugares naturales? Discútelo en grupos. Después, comprueba las respuestas.

B. ¿Qué otras maravillas naturales de Hispanoamérica podemos añadir? Busca dos lugares más en Internet y preséntalos. *Ej. 5, p. 120*

AYUDA
- Expresar certeza
  - Estoy seguro/a de que está en…
  - No estoy seguro/a, pero creo que está en…
  - Ni idea, no lo sé.

1. Volcán Concepción
2. Desierto de Atacama
3. Parque nacional Tikal
4. Cataratas de Iguazú
5. Selva amazónica
6. Islas Galápagos
7. Montaña Aconcagua

Países: Chile, Guatemala, Argentina, Nicaragua, Ecuador, Perú

Solución:
1. Volcán Concepción (Nicaragua)
2. Desierto de Atacama (Chile)
3. Parque nacional Tikal (Guatemala)
4. Cataratas de Iguazú (Argentina)
5. Selva amazónica (Perú)
6. Islas Galápagos (Ecuador)
7. Montaña Aconcagua (Argentina)

2 PAISAJES SUPERLATIVOS

A. La agencia Viajes de aventura ofrece estos tres destinos. ¿Qué sabes de ellos: dónde están, cómo son, qué hay, cómo es su clima…? ¿Con qué palabras relacionas estos lugares? Añade otras. *Ej. 6, p. 120*

río | bosque | desierto | isla | seco | montaña | volcán | parque natural | animales salvajes | tropical
calor | húmedo | lluvioso | plantas

Amazonia	Atacama	Galápagos
tropical	desierto	isla

B. Lee las ofertas para comprobar tus hipótesis. ¿Cuál te parece más interesante para conocerlo? ¿Por qué?

| INICIO | QUIÉNES SOMOS | GALERÍA | BLOG |

Selva amazónica

Es la selva tropical más grande del mundo y la comparten 8 países. Su clima tropical, como es muy caluroso, lluvioso y húmedo, favorece a las plantas y a los animales, por eso es la mayor reserva verde del planeta. El Amazonas es el río que da nombre a la selva y es el más largo del mundo, con casi 7000 km. Sin duda, la selva amazónica tiene una geografía espectacular y es el mejor lugar para vivir una aventura.

Desierto de Atacama

Este desierto tiene aproximadamente 105 000 km² y está en el norte de Chile. Es conocido como el desierto más seco de la Tierra. Dentro de este gran territorio, de clima desértico, hay muchos paisajes: el valle de la Muerte, que es el mejor lugar para practicar surf en sus dunas de 120 metros, el volcán Láscar, al que puedes subir cuando está dormido, y el salar de Atacama, una de las extensiones de sal más grandes del continente americano.

Islas Galápagos

Están formadas por trece islas grandes, seis islas medianas y 215 islas pequeñas. Las islas tienen un clima muy variable, cada mes del año hay un clima con características diferentes. Las islas Galápagos son uno de los puntos más calientes de la Tierra, con el volcán La Cumbre, que es el más activo del mundo. Son también conocidas por sus numerosas especies de animales y por los estudios de la teoría de la evolución, de Charles Darwin.

C. Fíjate en los adjetivos marcados para describir la geografía y el clima. Clasifícalos y añade más.

D. ¿Cómo expresamos que un lugar es el más…? En el texto hay muchos ejemplos para completar este cuadro.

Geografía y clima

- Río | + ☐
- Selva | + *tropical* / + ☐ / + ☐
- Desierto | + ☐
- Volcán | + ☐ / + ☐
- Isla | + ☐ / + ☐ / + ☐

Clima | + ☐ / + ☐ / + ☐ / + ☐ / + ☐

Superlativos

- Lugar + **es el/la más** + adjetivo *(de)*
  Ejemplo: _____

- Algunos adjetivos son irregulares en superlativo:
  El/La más bueno/a → *El/La* mejor
  El/La más malo/a → *El/La* peor
  El/La más grande → *El/La* mayor
  El/La más pequeño/a → *El/La* menor

  El Amazonas es la mayor *reserva del mundo.*

E. Describe un lugar único de tu país: ¿Cómo se llama? ¿Dónde está? ¿Qué clima y geografía tiene?

UNIDAD 10 | ¿TE GUSTA LA NATURALEZA? | SECUENCIA 3

1 LA CONCIENCIA MEDIOAMBIENTAL

A. ¿Qué actividades responden a una actitud ecológica? Elige las tres más importantes y explica por qué.

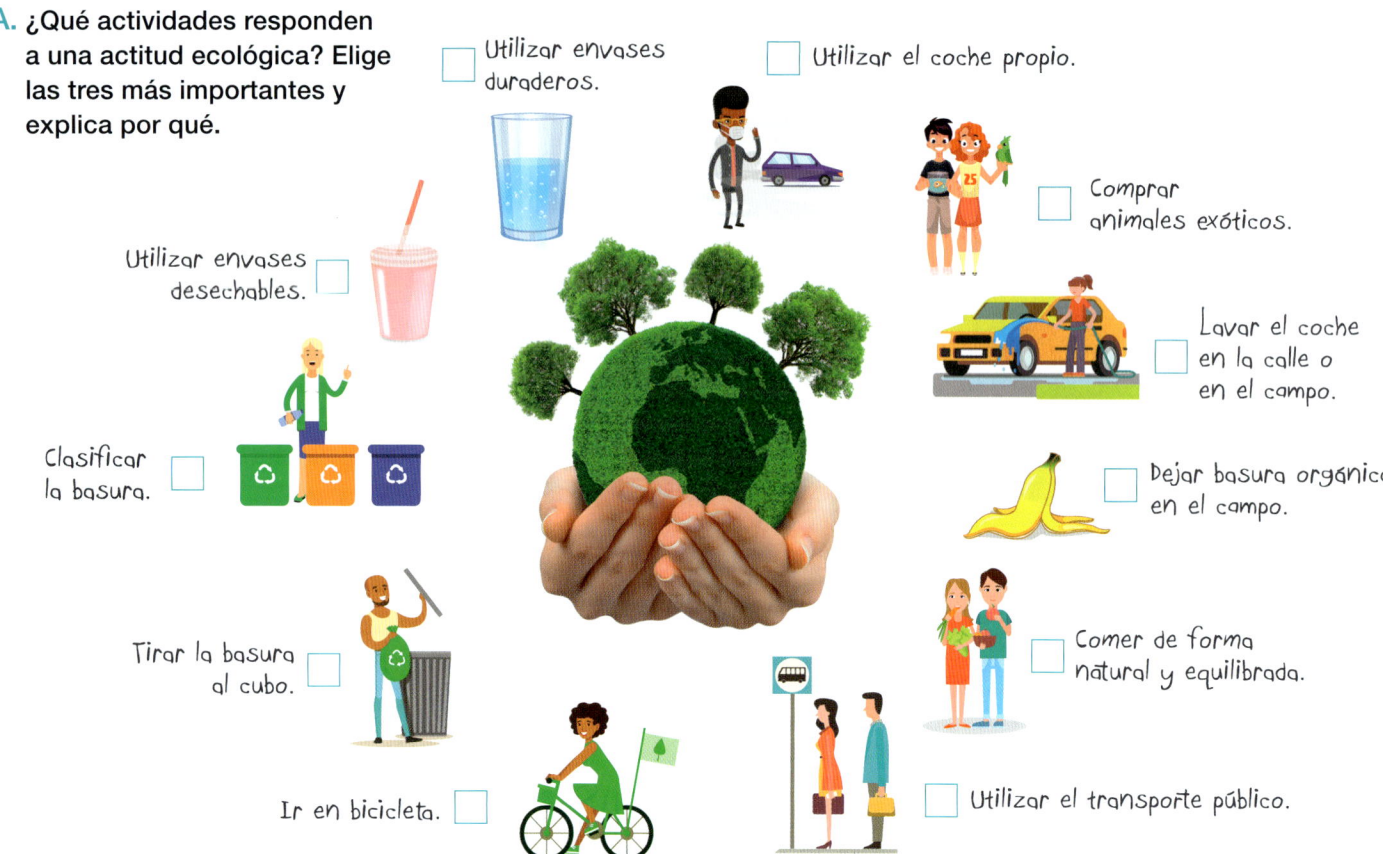

- Utilizar envases duraderos.
- Utilizar el coche propio.
- Utilizar envases desechables.
- Comprar animales exóticos.
- Clasificar la basura.
- Lavar el coche en la calle o en el campo.
- Tirar la basura al cubo.
- Dejar basura orgánica en el campo.
- Ir en bicicleta.
- Comer de forma natural y equilibrada.
- Utilizar el transporte público.

LAS TRES MÁS IMPORTANTES SON...

B. Todos podemos ayudar a cuidar la naturaleza. Mira esta campaña. ¿Qué voluntariado te gusta más? ¿Has participado en algo parecido?

CAMPAÑA DE CONCIENCIACIÓN AMBIENTAL DEL AYUNTAMIENTO

¿Te gusta la naturaleza?
¿Vas los fines de semana por el campo o por el monte?

Seguro que, cuando estás en el campo, quieres encontrar todo limpio.

TÚ PUEDES AYUDAR

Tenemos voluntariados sobre...
- la limpieza del monte
- el reciclaje de residuos
- la conservación de nuestros bosques

Mira nuestra página web
www.limpiezamonte.org
¿A qué esperas para registrarte?

TE ESPERAMOS

2 LOS RESIDUOS EN LA NATURALEZA

A. En la naturaleza encontramos muchos residuos. Relaciona estas imágenes con las palabras. Puedes añadir más.

bolsa de plástico | botella de plástico | botella de vidrio
chapas de botella | lata de refresco | papel usado | tetrabrik

a. b. c. d. e. f. g.

 B. ¿Cuántos años necesitan estos materiales para deshacerse en la naturaleza? Coméntalo. Después, escucha este *podcast* de un ingeniero medioambiental y comprueba tus respuestas.

26

3 RECICLA

A. Observa y relaciona.

La bolsa de plástico   1.   ○   ○ a. **Los** podemos usar para escribir por el otro lado.
El tetrabrick   2.   ○   ○ b. **Las** podemos rellenar de agua para beber.
Las latas   3.   ○   ○ c. **La** podemos utilizar otra vez para ir a la compra.
Los papeles usados   4.   ○   ○ d. **Lo** podemos usar para guardar cosas pequeñas.
Las botellas de plástico 5.   ○   ○ e. **Las** podemos usar para poner plantas.

B. Una empresa nos ofrece ideas ecológicas. ¿Puedes hacer otras sugerencias y explicarlas? `Ej. 7, 8 y 9 p. 121`

Pronombres de objeto directo (OD)

	¿Qué?
él	**lo**
ella	**la**
ellos	**los**
ellas	**las**

*Las botellas **las** podemos usar para poner plantas.*

UNIDAD 10 | ¿TE GUSTA LA NATURALEZA? | EJERCICIOS

GRAMÁTICA Y LÉXICO

1 Relaciona.

estilo de vida 1. ○   ○ a. rural
trabajar 2. ○   ○ b. natural
agricultura 3. ○   ○ c. ecológica
mundo 4. ○   ○ d. económica
vida 5. ○   ○ e. conectado a la red
crisis 6. ○   ○ f. relajado

2 Subraya la opción correcta.

1. En la ciudad hay *tantos/tantas* espacios verdes *como/que* en el campo.
2. Trabajar de noche es *peor/menor como/que* trabajar los fines de semana.
3. En el campo, con Internet, hay *tan/tanta* comunicación *como/que* en la ciudad.
4. La contaminación en la ciudad es *peor/mayor como/que* en el campo.
5. Las casas son *más/menos* caras en el campo.
6. La ciudad puede ser *tan/tanta* tranquila *como/que* el campo.

3 Completa con el comparativo adecuado, según tu experiencia.

más/menos
tantos/tanta(s)
tan
como
que

1. En el campo se trabaja _____ horas _____ en la ciudad.
2. La vida en el campo es _____ tranquila _____ en la ciudad.
3. En el campo no hay _____ oportunidades de trabajo _____ en la ciudad.
4. En el campo hay _____ productos ecológicos _____ en la ciudad.
5. En el campo el ocio es _____ interesante _____ en la ciudad.
6. En las ciudades hay _____ seguridad _____ en el campo.
7. Una persona puede ser _____ feliz en el campo _____ en la ciudad.

4 Subraya la opción correcta.

1. El volcán *más/mejor* alto de Europa es el Teide.
2. La *menor/mejor* playa para hacer surf está en Cádiz.
3. Tabernas es el desierto *grande/más extenso* de España.
4. En Irati hay uno de los *más/mayores* bosques de hayas de Europa.
5. Oceanía es el continente *más/menos* pequeño del planeta.
6. Roe es uno de los ríos *más/menos* largo del mundo, con solo 61 metros.

5 Escribe los adjetivos más adecuados para describir estos lugares.

activo | grandes | dormido | extenso | largo
alta | pequeñas | medianas | nevada
verde | caliente | profundo

1. Volcán _____
2. Montaña _____
3. Desierto _____
4. Islas _____
5. Bosque _____
6. Río _____

6 Busca las 10 palabras que hablan del clima.

planeta | desierto | bosque | dunas | mundo
países | lluvioso | caliente | continente
superficie | mediterráneo | plantas | paisaje
seco | islas | tierra | selva | húmedo | territorio
río | variable | clima | extensión | desértico
geografía | reserva | tropical | caluroso | frío

1. _____   6. _____
2. _____   7. _____
3. _____   8. _____
4. _____   9. _____
5. _____   10. _____

7 Escribe en tu cuaderno las combinaciones posibles.

1. botella de…
2. bolsa de…
3. lata de…
4. vaso de…

- plástico
- zumo
- metal
- vidrio
- papel
- refresco

8 Escribe el número y completa con el pronombre.

1. una botella de plástico
2. unas camisetas
3. un vaso de vidrio
4. un tetrabrick
5. unas botellas de vidrio
6. unos libros

☐ ___ usamos para guardar cosas.
☐ ___ lavamos y reutilizamos.
☐ ___ llevamos a una biblioteca.
☐ ___ usamos para beber agua.
☐ ___ reciclamos.
☐ ___ regalamos.

9 Sustituye por un pronombre las palabras subrayadas.

1. Si uso envases desechables, pongo <u>los envases</u> en el contenedor amarillo.
   ___

2. Si encuentro basura en el campo, tiro <u>la basura</u> en el cubo.
   ___

3. No lavo el coche en la calle, lavo <u>el coche</u> en un garaje.
   ___

4. No pido bolsas de plástico en el súper, utilizo <u>las bolsas</u> del día anterior.
   ___

CREA TU PROPIO
DICCIONARIO

En esta unidad tienes léxico de…

✱ Geografía (lugares naturales)

✱ Clima

✱ Conciencia medioambiental

1. Piensa con tu compañero cómo puedes organizar todo el léxico. Te damos algunas ideas de esquemas o mapas conceptuales.

2. Ahora que has decidido cómo quieres organizarlo, busca palabras de cada punto y elabora tu diseño.

EXPERIENCIA CULTURAL

Lugares espectaculares de América Latina

01 Una agencia ofrece viajes a lugares espectaculares por América Latina. Relaciona cada foto con una de estas ofertas.

- ☐ Ruta por la selva amazónica
- ☐ Visita a las poblaciones andinas
- ☐ Excursiones a caballo por La Pampa argentina
- ☐ Sorpréndete con la belleza de las cataratas del río Iguazú
- ☐ Descanso y sol en las playas caribeñas
- ☐ Travesía en barco entre dos océanos: el canal de Panamá
- ☐ Vuelo en helicóptero sobre el volcán nevado de Popocatépetl

02 Elige un destino para tus próximas vacaciones. Luego, investiga en Internet: ¿por qué es un lugar interesante para visitarlo?

03 En grupos pequeños, presenta la información para elegir un único destino para toda la clase.

MI EXPERIENCIA

Recuerdos del campo

🌱 Busca lugares que te recuerden al campo por los aspectos que te indicamos. Escribe dónde están, cómo son, qué actividades haces allí, cuándo y con quién.

La tranquilidad

Cerca de la escuela hay una plaza pequeña. Allí hay poca gente y no hay mucho ruido. Solo se escucha el sonido de una fuente. Voy algunos domingos por la mañana a leer allí.

La gente

_____
_____
_____

La comida

_____
_____
_____

Los productos artesanales

_____
_____
_____

Las plantas

_____
_____
_____

Utiliza cualquier material...

Unidad 11
¿Has vivido en el extranjero?

OBJETIVO

Prepararse para el mundo laboral

PRAGMÁTICA
- Decir la formación
- Hablar de la experiencia laboral
- Relacionar hechos pasados
- Expresar la duración

GRAMÁTICA
- El pretérito perfecto simple, verbos regulares
- Verbos irregulares: *ir*, *estar*, *tener*, *hacer*
- Contraste entre el pretérito perfecto simple y el compuesto
- Marcadores temporales con pretérito perfecto simple y compuesto

LÉXICO
- Los estudios
- El mundo laboral

Mi experiencia
Mi diario

Irse fuera

A. Subraya los motivos por los que se van al extranjero. ¿Te identificas con alguna situación?

a. – ¿Y ahora qué vas a hacer, hija?
– Quiero hacer un máster en Relaciones Internacionales en el extranjero.

b. – No sé qué voy a hacer, no tengo trabajo.
– En otros países se necesitan ingenieros químicos. ¿Por qué no buscas trabajo fuera?

c. – Tengo un buen currículum, pero no tengo experiencia.
– Mira, en esta página web hay ofertas para trabajar en empresas internacionales.

d. – ¿Y nos vamos todos: los niños y yo también?
– No, voy yo solo. La empresa solo me necesita allí unos meses.

e. – Quiero vivir una experiencia nueva, Sonia. Quiero hacer un voluntariado en una organización humanitaria, como Médicos Sin Fronteras.
– ¡Qué idea tan buena! Seguro que es una gran experiencia.

f. – Me voy a vivir a otro país. Tengo que aprender bien idiomas.

B. ¿Qué otras razones hay para ir al extranjero? ¿Conoces a alguien que lo ha hecho?

UNIDAD 11 | ¿HAS VIVIDO EN EL EXTRANJERO? | SECUENCIA 1

1 PRÁCTICAS LABORALES

A. Lee el anuncio y responde a estas preguntas.

- a. ¿Qué es IEX?
- b. ¿Para quién es?
- c. ¿Qué ofrece?
- d. ¿Te interesa? ¿Por qué?

B. Clasifica las palabras coloreadas según su contexto.

Académico

- *graduarse en la universidad*
-
-
-
-
-

Laboral

- *mercado laboral*
-
-
-
-
-

El programa IEX te ayuda a entrar en el mercado laboral internacional. Está dirigido a jóvenes que tienen una carrera, es decir, una titulación universitaria (con o sin un máster), y que buscan un futuro profesional para ser más competitivos en el mercado internacional.

IEX es una empresa líder mundial que ofrece cursos de idiomas intensivos y prácticas laborales en el extranjero, en países como Estados Unidos, Canadá, Australia, Inglaterra, Irlanda, Alemania, Italia, Francia, China y Japón.

Nuestro campus tiene unas excelentes instalaciones, programas de estudios especializados y servicios adicionales: sesiones de orientación laboral, para ayudarte a descubrir tus intereses y objetivos profesionales, y cursos para aprender a preparar un buen currículum vítae (CV) y una buena entrevista de trabajo.

Solicita nuestra beca IEX, una gran ayuda económica para el viaje y el alojamiento. A partir de ahora, con nosotros vas a vivir en otro país, vas a aprender su idioma y a conocer su cultura. Con IEX empiezas a trabajar en la aventura profesional más importante de tu vida.

C. Completa estas afirmaciones con las palabras anteriores.

- a. Los jóvenes tienen muchas dificultades para entrar en el _____ _____.
- b. Hay personas mayores que, después de los sesenta y cinco años, vuelven a la universidad para estudiar una _____ o hacer un _____.
- c. En las escuelas, son necesarias las clases de _____ _____ para elegir bien una profesión, porque el mercado laboral es muy grande.
- d. Antes de hacer una _____ _____ _____, es importante tener un buen _____ _____, es lo primero que una empresa ve de nosotros.
- e. No es fácil obtener una _____ de estudios, tienes que tener buenas notas y determinadas condiciones económicas.

2 EXPERIENCIAS EN EL EXTRANJERO

A. Escucha y escribe el nombre de la carrera que han estudiado y el país donde han vivido.

a. Ana María:
b. Miguel:
c. Daniela:

B. Ahora, lee sus testimonios y completa los textos. Escucha otra vez el audio y comprueba tus respuestas.

Ana María

a. Soy madrileña, tengo 30 años y soy graduada en _____. Estuve de vacaciones en Pekín en 2000. El año pasado viajé otra vez allí para estudiar _____ con una beca. Decidí aceptar esta gran oportunidad porque China es importante en el mundo empresarial. Así que hice las maletas y compré el billete. Desde que estoy aquí he aprendido mucho sobre la cultura china.

Miguel

b. Tengo 26 años y soy _____ de profesión. Me gradué en 2011 en Barcelona por la Universidad Politécnica y, un año después, estudié un máster en Electromecánica. En 2013 me seleccionaron para trabajar en una multinacional. Cuando mi empresa me ofreció trabajar para ellos en Eslovaquia, acepté porque siempre he querido viajar. Y aquí estoy. Me he casado con Svetlana y vamos a tener _____.

Daniela

c. Tengo 29 años y soy graduada en _____. En el verano de 2014 conocí a Paul, un inglés, y me enamoré. Así que me vine a Londres. Cuando llegué, trabajé de _____ en un restaurante español hasta que encontré un trabajo mejor, en los laboratorios Soyer. Me gusta la vida en Londres, aquí he conocido a muchos españoles como yo, pero quiero volver a España porque allí están mi familia, mis amigos y el buen tiempo.

C. En estos testimonios, hay dos tiempos del pasado: el pretérito perfecto simple y el compuesto. Léelos de nuevo, completa estas frases y responde a las preguntas.

Pretérito perfecto simple

El año pasado _____ a Pekín para estudiar.
En 2012 _____ Electromecánica.
En el verano de 2014 _____ a Paul.
Hace tres años _____ a Londres.

¿Se indica el momento concreto? ☐ Sí ☐ No

Pretérito perfecto compuesto

Siempre he viajado mucho.
Me he graduado en Barcelona.
En Londres he conocido a muchos españoles.
He trabajado de camarera.

¿Se indica el momento concreto? ☐ Sí ☐ No

D. Completa esta reflexión con el nombre del tiempo adecuado.

E. En grupos, ¿los jóvenes de tu país buscan también otras oportunidades en el extranjero? ¿De qué tipo? ¿Dónde?

Tiempos del pasado

- Usamos el _____ para **decir si hemos tenido o no una experiencia**, no cuándo la hemos tenido.
- Usamos el _____ si queremos especificar **cuándo tuvimos esa experiencia**. Son **momentos** de la vida que terminaron.

UNIDAD 11 | ¿HAS VIVIDO EN EL EXTRANJERO? | SECUENCIA 2

1 ¿VIAJASTE POR TRABAJO?

A. Di el infinitivo de los verbos marcados en los textos de la página anterior, observa los verbos regulares y completa la frase. *Ej. 1, 2 y 3, p. 132*

Los verbos regulares en ☐ y en ☐ tienen las mismas terminaciones.

VERBOS REGULARES

	VIAJAR	CONOCER	VIVIR
yo	viajé	conocí	viví
tú	viajaste	conociste	viviste
él, ella, usted	viajó	conoció	vivió
nosotros/as	viajamos	conocimos	vivimos
vosotros/as	viajasteis	conocisteis	vivisteis
ellos, ellas, ustedes	viajaron	conocieron	vivieron

B. Observa el verbo *estar* y forma estos otros dos irregulares.

VERBOS IRREGULARES

	IR	ESTAR	HACER
yo	fui	estuve	hice
tú		estuviste	
él, ella, usted	fue	estuvo	hizo
nosotros/as	fuimos	estuvimos	
vosotros/as		estuvisteis	
ellos, ellas, ustedes	fueron	estuvieron	

C. Vamos a jugar para practicar las conjugaciones.

- En parejas, recorta quince tarjetas y escribe un verbo en cada una.
- Toma una tarjeta y tira el dado.
- Si sale 🎲, di el verbo en 1.ª persona (*yo*), si sale 🎲, el verbo en 2.ª persona (*tú*), etc. Si lo haces correctamente, te quedas la tarjeta. Gana quien tiene más tarjetas.

2 DIARIOS

A. Lee este texto y contesta.

¿Para qué sirve un diario personal? ¿Cómo son los diarios de ahora?
¿Qué puedes hacer, además de escribir?

Diarios Digitales

Un diario personal es una forma de conocerte a ti mismo y de recordar momentos importantes de tu vida, pero también puede ser una agenda de trabajo o estudios y escribir ideas interesantes para algún proyecto. Actualmente el diario personal ya no es necesariamente en papel, puede ser un documento digital. Si no te gusta escribir, puedes dejar mensajes de audio o grabar vídeos muy cortos, de pocos segundos. Puedes grabar vídeos con la familia, con los amigos, con los compañeros de trabajo o de estudios. Puedes hacer vídeos de tu tiempo libre, durante el fin de semana, las vacaciones, las reuniones, las comidas familiares y de trabajo. Después, puedes poner en una carpeta todos los archivos, microvídeos, audios y fotos que has hecho durante una semana, un mes o todo tu año y guardarlos como un álbum de recuerdos.

B. Lee estos fragmentos de diarios y subraya las expresiones temporales, como en el ejemplo.

a. «<u>Estas semanas</u> he estado muy nerviosa. La semana pasada terminé los exámenes de la universidad, que empezaron hace tres semanas. Hoy me he examinado del carné de conducir y he aprobado. ¡Ya tengo carné! Esta tarde lo he celebrado con Maite y Cristina. ¡Ha sido genial!».

Ana y sus amigas

b. «El mes pasado terminaron las prácticas de la escuela y hace dos semanas me dieron el diploma. Estos días he estado muy ocupado buscando trabajo. El lunes de la semana pasada dejé mi currículum en varias tiendas y esta mañana me han llamado por teléfono y empiezo a trabajar hoy. ¡Qué ilusión!».

David

C. Observa los verbos que van con las expresiones temporales subrayadas y clasifícalas. `Ej. 4, 5 y 6 p. 132`

Marcadores temporales con...

• Pretérito perfecto simple	• Pretérito perfecto compuesto
La semana pasada	*Estas semanas*
Ha finalizado.	No ha finalizado.

➲ Es frecuente decir *el sábado* y no *el sábado pasado*.

- ¿Qué hiciste el sábado?
- El sábado fui al cine.

D. Escribe tu testimonio o el de alguien que conoces y que ha salido de su país para estudiar o trabajar. También puedes inventártelo. Después, preséntalo a la clase.

UNIDAD **11** | **¿HAS VIVIDO EN EL EXTRANJERO?** | SECUENCIA **3**

1 TU PERFIL PROFESIONAL

A. Observa este documento y responde a estas preguntas.

¿Qué tipo de texto es?
¿Es un buen modelo? ¿Por qué?
¿Qué información falta?

B. Relaciona estas frases con el apartado adecuado.

a. Tener experiencia.
b. Saber inglés.
c. Saber conducir.
d. Tener estudios…
e. Dominar programas informáticos.

C. Completa el documento con tus habilidades y aficiones.

D. Escribe tres datos relevantes de tu experiencia laboral y tus estudios.

E. Pregúntale a tu compañero o compañera por sus estudios y experiencia laboral como en una entrevista de trabajo. Prepara las preguntas por escrito y toma nota de las respuestas.

> En una entrevista de trabajo, se habla de *usted*.

ESTUDIOS

> ¿*Se ha graduado* en la universidad? ¿De qué?
> ¿En qué año *se graduó* de…?

EXPERIENCIA LABORAL

> ¿*Ha trabajado*?
> ¿De qué? ¿Dónde?
> ¿En qué año *trabajó* de…?

2 TU LÍNEA DEL TIEMPO

28

A. Lee estas frases sobre la experiencia de Marta. Escucha su entrevista laboral y corrígelas.

a. Se graduó en Medicina **en** 2013.
b. Hizo un máster en Neurociencia **de** 2015 **a** 2016.
c. **En** el verano **de 2015** se enamoró de un chico italiano.
d. Al año **siguiente** se fue a Roma.
e. **Durante** su primer año en Burdeos, trabajó de profesora de español.
f. **Un** año **después**, trabajó en una tienda de animales.
g. **Hace** un año **que** estudia un máster en Psicología Clínica en Madrid.
h. Da clases de Química en una escuela **desde hace** unos meses.

B. Completa esta línea del tiempo con la información de Marta corregida y las fechas. Dibuja un símbolo para cada actividad.

Se graduó en Farmacia

C. Completa el cuadro con los ejemplos de la actividad A.
Ej. 7, 8 y 9, p. 133

Expresiones de tiempo

- Indicar un momento del pasado
  Se graduó ☐ 2013.
  ☐ el verano de 2015 se enamoró.

- Relacionar hechos del pasado
  Un año ☐ trabajó en una tienda.
  Al año ☐ se fue a Roma.

- Hablar de la duración
  Hizo un máster ☐ 2015 ☐ 2016.
  ☐ su primer año, trabajó en Burdeos.
  Da clases ☐ unos meses.
  Hace un año ☐ estudia un máster.

D. Escribe frases con tus datos. Dos de ellos deben ser falsos.

Me gradué en…, un año después…
Trabajé en… de… a…

E. En parejas, intercambia las frases para descubrir cuáles son los datos falsos.

F. Vamos a hacer una exposición con las líneas del tiempo de toda la clase. ¿Cuál es la más creativa, la que organiza mejor la información, la que tiene más información interesante?

a. Dibuja tu línea del tiempo. Puedes hacerla horizontal, vertical, en forma de escalera, de árbol, etc.

b. Escribe en ella tus datos y las fechas. También puedes usar dibujos y colores.

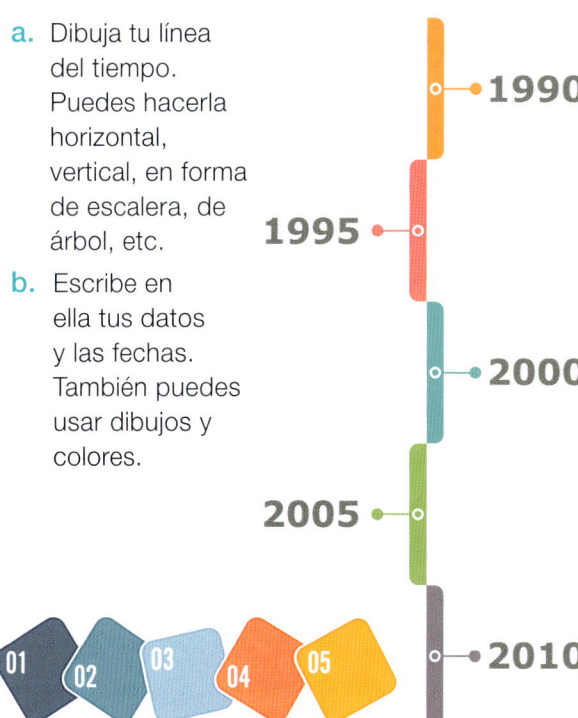

UNIDAD 11 | ¿HAS VIVIDO EN EL EXTRANJERO? | EJERCICIOS

GRAMÁTICA Y LÉXICO

1 Escribe la forma de estos verbos en pretérito perfecto simple y subraya las terminaciones.

	TRABAJAR	LEER	ESCRIBIR
yo			
tú			
él, ella, usted			
nosotros/as			
vosotros/as			
ellos, ellas, ustedes			

2 Observa estos verbos en pretérito perfecto simple, piensa en el infinitivo y clasifícalos en regulares e irregulares

comí | me enamoré | conocí | llegué | vi
dibujé | hice | viajé | aprendí | fui | estudié
terminé | estuve | me gradué | empecé

regulares	irregulares

3 Completa estas preguntas con los verbos en perfecto simple y responde.

1. – ¿En qué año _____ (terminar) la escuela?
   – _____

2. – ¿Cuándo _____ (empezar) a trabajar?
   – _____

3. – ¿Cuándo _____ (hablar) por primera vez español?
   – _____

4. – ¿Dónde y cuándo _____ (nacer)?
   – _____

5. – ¿Cuándo _____ (conocer) a tu mejor amigo?
   – _____

6. – ¿Cuándo _____ (tener) tu primera experiencia laboral?
   – _____

4 Ordena cronológicamente las expresiones de tiempo. Luego, marca con qué tiempo verbal van.

la semana pasada | hace 10 años
en 1967 | esta semana | el año pasado
el verano pasado | hace dos semanas
este mes | ayer | hace tres meses
esta mañana

	P. Simple	P. Compuesto
1. _____ +	☐	☐
2. _____ +	☐	☐
3. _____ +	☐	☐
4. _____ +	☐	☐
5. _____ +	☐	☐
6. _____ +	☐	☐
7. _____ +	☐	☐
8. _____ +	☐	☐
9. _____ +	☐	☐
10. _____ +	☐	☐
11. _____ +	☐	☐

5 Completa con el verbo en la forma correcta.

1. Nunca _____ (viajar) al extranjero.
2. En 2002 _____ (estudiar) Filosofía.
3. _____ (Hacer) un máster en Sociología.
4. Siempre _____ (estar) en la misma empresa.
5. Me _____ (graduar) en 1987.
6. Me _____ (enamorar) muchas veces.

6 Subraya la opción correcta.

1. *Ayer/Esta mañana* he tomado un café con Luis.
2. *Este año/El año pasado* estuve en el pueblo.
3. *Siempre/Hace dos meses* he vivido en Soria.
4. *El lunes/Hoy* me matriculé en la universidad.
5. *Hace tres años/Nunca* me he casado.
6. *El mes pasado/Este verano* hice un viaje al extranjero.

7 Completa las frases con *hace, desde que, desde hace, de, a, durante, después*.

1. Terminé el trabajo _____ dos meses.
2. Vivo en Perú _____ cinco años.
3. Estudié chino _____ 2008 _____ 2010.
4. _____ empecé la carrera de Medicina, no voy al médico.
5. He viajado por Europa _____ un año completo.
6. En 2016 fui a México y, un año _____, volví a España.

8 Completa con los verbos en presente, pretérito perfecto simple o compuesto.

Hace dos días que no _____ (escribir) en el diario. La semana pasada _____ (empezar) las clases de español. Estoy contento, porque me _____ (gustar) las actividades que _____ (hacer) en clase y mis compañeros _____ (ser) muy abiertos. Desde que estoy aquí no _____ (hacer) deporte, así que ayer me _____ (matricular) en un gimnasio. El fin de semana pasado _____ (estar) con mis compañeros en un concierto y me _____ (gustar) mucho. Esta mañana _____ (escribir) un correo a mi amigo Eric, que _____ (vivir) en Francia. Creo que _____ (venir) el próximo fin de semana.

9 Continúa las frases con tu información personal.

1. Hace un año _____
2. En 2012 _____
3. Este año _____
4. Ayer _____
5. Esta semana _____
6. La semana pasada _____

CREA TU PROPIO
DICCIONARIO

Elabora una diapositiva de PowerPoint con las palabras de la unidad relacionadas con la experiencia laboral y los estudios.

✳ Experiencia laboral

empresa líder
carrera profesional

✳ Estudios

graduarse
carrera universitaria

EXPERIENCIA CULTURAL

Hacer negocios en España

01 Estas son algunas de las cosas que se dicen de España en el ámbito laboral. La mayoría son generalizaciones. Busca una ventaja y un inconveniente para cada costumbre.

- La relación es más informal y personal que en otros países. Se utiliza más el *tú*. Aunque la forma habitual de saludarse entre profesionales es darse la mano, si hay confianza, pueden saludarse con dos besos, excepto entre hombres.

- El tratamiento más utilizado es el de *señor* y *señora*. En general, las personas se presentan solo por el nombre y el apellido, sin usar títulos, como *licenciado* o *doctor*.

- El uso de la tarjeta de visita es generalizado. Si se recibe una y no se ofrece otra a cambio, el gesto puede interpretarse como una falta de cortesía.

- Las negociaciones son largas, porque el concepto del tiempo es más relajado.

- En las reuniones, muchas veces dos personas hablan a la vez y se interrumpen.

- El tono de las reuniones de negocios es formal, pero relajado. Es común utilizar el sentido del humor.

- Se hace una pausa larga en las reuniones para comer. Durante estas comidas, la charla de negocios donde se toman decisiones importantes se desarrolla al final, durante la sobremesa.

Ventajas	Inconvenientes

02 ¿Y qué se dice en tu país sobre cómo se hacen los negocios? Escribe algunas generalizaciones. Después, compártelas en grupo.

MI EXPERIENCIA

Mi diario

Escribe tu página de diario en este espacio. Puedes hacer dibujos o poner unas fotos.

Mi diario

Hace una semana que no escribo en este diario porque…

La semana pasada…

Esta semana, en español, he aprendido muchas cosas de…

Ayer…
hice muchas cosas…

El domingo fui a…

Utiliza cualquier material…

ciento treinta y cinco | 135

Unidad 12

¿Nos vamos de excursión?

OBJETIVO

Contar una experiencia en la naturaleza

PRAGMÁTICA
- Hacer recomendaciones
- Compartir objetos
- Hablar del pasado
- Organizar la información
- Formular preguntas

GRAMÁTICA
- El pretérito perfecto simple irregular
- Los pronombres posesivos
- Los pronombres de objeto indirecto y directo
- Contraste entre el perfecto simple y el compuesto
- *Si* + presente

LÉXICO
- Los alimentos de una excursión
- Los objetos para una excursión
- Actividades en la naturaleza

Mi experiencia
Cuento una excursión que he hecho

¿Qué te llevas a una excursión?

A. Observa las fotos y relaciónalas con estos alimentos que puedes llevar a una excursión. Luego, relaciona cada uno con lo que aportan. Hay varias opciones. ¿Puedes escribir más alimentos?

- a. Barrita de cereales
- b. Bocadillo de tortilla de patata
- c. Chocolate
- d. Fruta, zanahorias y tomates frescos
- e. Frutos secos
- f. Agua, zumo o té

1. Da energía.
2. Quita la sed.
3. Quita el hambre.
4. Tiene grasas y proteínas.
5. Tiene vitaminas.

B. Y tú, ¿qué llevas normalmente a una excursión? ¿Por qué?

UNIDAD 12 | ¿NOS VAMOS DE EXCURSIÓN? | SECUENCIA 1

1 LOS ALIMENTOS DE UNA EXCURSIÓN

A. Lee estas recomendaciones de una web para montañeros y subraya los alimentos que sugieren. ¿Por qué recomiendan cada uno?

Algunas recomendaciones sobre los alimentos que debes llevar a una excursión exigente

ALIMENTACIÓN 5 DÍAS AGO

Antes de salir a una excursión, es importante pensar en los alimentos que necesitas; pues, cuanto más exigente es la travesía, más conveniente es cuidar los hábitos alimenticios, tanto para mantenernos en buena forma como para llevar solo lo necesario. Aquí te ofrecemos algunas recomendaciones.

Alimentos con poca glucosa. Son muy adecuados para cualquier deporte de montaña, ya que aportan energía poco a poco, sin aumentar los niveles de azúcar. Las verduras y frutas frescas, además de los lácteos, son una buena opción.

Frutos secos. Es muy cómodo llevar estos alimentos, porque son ligeros, no ocupan mucho espacio y aportan una gran variedad de minerales, proteínas y nutrientes que son importantes para compensar el esfuerzo físico.

Barritas energéticas. Son prácticas, porque proporcionan energía sin necesidad de detener la actividad.

Chocolate. Es buena idea y, además, es muy frecuente llevarlo de excursión, porque es un extraordinario aporte de calorías y de energía, y también es esencial ante algunos males de montaña.

Alimentos frescos. Es recomendable, además, poner en tu mochila para salidas de un solo día o para las primeras horas de un viaje alimentos frescos, porque representan también un buen aporte nutricional. Es mejor si tienen una buena proporción de cereales y de proteínas. El tradicional bocadillo de tortilla de patata aporta estos nutrientes y es fácil de llevar.

B. Relaciona las recomendaciones con los alimentos.

No es adecuado tomar mucha glucosa. **1.** ○
Es importante no llevar mucho peso en la mochila. **2.** ○
Es útil comprar alimentos preparados para la montaña. **3.** ○
Es necesario estar preparado para posibles problemas de altura. **4.** ○
Es imprescindible alimentarse equilibradamente. **5.** ○

○ **a.** Es cómodo llevar frutos secos, porque no pesan mucho y ocupan poco lugar.
○ **b.** Es conveniente tomar chocolate.
○ **c.** Es una buena opción comer fruta, verdura… alimentos frescos.
○ **d.** Es práctico llevar barritas energéticas.
○ **e.** Es una buena idea llevar un bocadillo, por ejemplo, de tortilla.

C. Escribe dos recomendaciones más para la página web. Luego, preséntaselas a la clase. ¿Cuál es la mejor?

2 ALIMENTOS VIAJEROS

A. La papa o patata y el arroz son dos de los alimentos más consumidos en el mundo. Lee la información y resalta con dos colores diferentes las que crees que se refieren a la patata o al arroz.

a. Se empezó a cultivar en Asia.
b. Vino de Sudamérica en el siglo XVI.
c. Cristóbal Colón lo llevó a América.
d. Cuando llegó a Europa, se consideró una planta exótica.
e. Los árabes lo trajeron a España en el siglo VIII d. C.
f. Se hizo por primera vez en Europa como un postre.
g. Fue un alimento importante durante la Revolución Industrial.
h. En la antigüedad tuvo un significado de vida y alegría.

B. Escucha el programa *Come sano* y comprueba si tus respuestas son correctas. Luego, escucha otra vez y toma nota de más información sobre los dos productos.

29

> Los verbos *ir* y *ser* tienen la misma forma en el perfecto simple.
> - El arroz fue (ir) a América.
> - Fue (ser) un alimento muy importante.

3 OTROS ALIMENTOS CON HISTORIA

A. Subraya los verbos en pretérito perfecto simple de las ocho frases anteriores y escribe el infinitivo. ¿Cuáles son regulares?

B. Ahora, completa estos cinco verbos irregulares. `Ej. 1, 2 y 3, p. 144`

SER/IR	VENIR	TRAER	HACER	TENER
	vine	traje		tuve
fuiste				tuviste
		trajo	hizo	
	vinimos			
fuisteis			hicisteis	
	vinieron	trajeron		tuvieron

C. En grupos, juega al *memory* con los verbos.

a. En 18 tarjetas escribe estos verbos dos veces.

b. Pon las tarjetas boca abajo y, por turnos, intenta encontrar dos tarjetas con el mismo verbo. Si las encuentras, di el verbo completo en pretérito perfecto simple para ganarla.

c. Gana quien tenga más parejas de verbos.

hacer, empezar, ser, ir, tener, salir, venir, traer, estar

D. Hay otros alimentos que tienen mucha historia: el chocolate, el café, el té, el tomate… En parejas, elige dos, busca la información en Internet y escribe frases. Otra pareja tiene que decidir a qué alimento se refiere cada frase.

UNIDAD **12** | ¿NOS VAMOS DE EXCURSIÓN? | SECUENCIA **2**

1 ¿QUÉ LLEVAMOS EN LA MOCHILA?

Si vamos de excursión, necesitamos una mochila. Observa y completa.

Palabras que faltan...
- el cepillo de dientes
- las gafas de sol
- el mapa
- la crema solar
- el saco de dormir
- la toalla

LA SALUD
- el botiquín
- el sombrero

EL ASEO
- el jabón

EL EQUIPO
- la linterna
- las botas

2 TENEMOS QUE COMPARTIR

A. Héctor y tres amigos planean un fin de semana en la montaña y deciden qué lleva cada uno. Escucha y toma nota.

30

B. Observa alguna de las frases del diálogo y relaciónalas.

1. Yo llevo el botiquín, solo necesitamos uno.
2. Héctor, ¿puedes llevar tú la linterna?
3. Voy a pedirle a mi hermana su linterna...
4. ¿Llevo jabón para todos?

- a. Es que **la mía** está rota.
- b. No, mejor cada uno llevamos **el nuestro**.
- c. porque **la suya** es mejor que la mía.
- d. Si tú llevas **el tuyo**, yo puedo llevar los mapas.

140 | ciento cuarenta

C. Fíjate en las palabras en negrita del ejercicio B y completa los cuadros. Ej. 4 y 5, p. 144

Los pronombres posesivos

	Singular		Plural	
	masculino	femenino	masculino	femenino
yo				mías
tú			tuyos	
él, ella, usted	suyo			
nosotros/as				
vosotros/as		vuestra		
ellos, ellas, ustedes			suyos	

Uso de los pronombres posesivos

- Llevan siempre un ....
  Pueden ser masculino y
  ...., singular y ....

  ¿Llevamos *mi* crema solar?

  – *Mi* crema → la *mía*

  – *Tu* crema → la ....

  – *Su* crema
    (de él o ella) → ....

D. En grupos, vas a pasar una noche en la montaña. Negocia qué llevas.

Podemos llevar solo una crema solar.

Vale. ¿Cuál? ¿La tuya o la mía?

3 ¿TIENES TODO LO QUE NECESITAS?

A. Lee este anuncio y marca lo que haces.

CONCIENCIACIÓN PARA
EL CONSUMO INTELIGENTE Y ECOLÓGICO

¿Qué haces cuando necesitas cosas?
¿Las compras siempre?
¿Qué te parecen nuestras propuestas?

☐ **Le** puedes pedir las cosas a tu familia o a amigos.
☐ **Las** puedes alquilar.
☐ **Se las** compras de segunda mano a un amigo.
☐ **Se las** pides prestadas a alguien.

B. Observa y elige las opciones correctas. Ej. 6, p. 144

Pronombres de objeto indirecto (OI)

	¿A/para quién?
yo	me
tú	te
él, ella, usted	le
nosotros	nos
vosotros	os
ellos, ellas, ustedes	les

El orden de los pronombres

- Cuando hay dos pronombres...
  ☐ OI + OD   ☐ OD + OI

- ¿Qué pronombres cambian?
  ☐ Lo y los → se
  ☐ La y la → se
  ☐ Le y les → se

C. Héctor habla con su hermana porque necesita algunas cosas. Escucha y completa la tabla. Marca los pronombres de objeto indirecto de un color y los directos, de otro.

🔊 31

¿Qué necesita?	¿Por qué **lo** necesita?	¿A quién **le** pide/pregunta sobre esas cosas?	¿Quién **se lo** deja?
El saco de dormir.	**Lo** necesita porque el suyo es muy viejo.	**Le** pide el saco de dormir a su hermana.	**Se lo** deja su hermana.

UNIDAD 12 | ¿NOS VAMOS DE EXCURSIÓN? | SECUENCIA 3

1 EXCURSIONES DE AVENTURA

A. ¿Has hecho alguna vez una excursión de aventura? ¿Has estado en la selva? ¿Puedes ser un buen superviviente? Marca qué sabes o puedes hacer.

Ej. 7, p. 145

No sé pescar, pero puedo aprender...

No puedo dormir solo.

Hacer fuego · Montar una tienda de campaña · Pescar · Orientarse · Comer insectos · Dormir sola · Abrir un coco · Subir a una palmera

B. Lee esta entrevista a Fidel, el concursante ganador del programa de televisión *Superviviente*. Escribe las preguntas de la periodista.

– ¡Felicidades, Fidel, por el premio!
– Gracias.

–

– ¡Hace dos meses la tele me llamó para participar en el concurso Superviviente! *Siempre me ha gustado la aventura y soy bueno orientándome o montando una tienda, así que no me lo pensé mucho: dije que sí, me despedí de la familia* **e*** *hice las maletas.*

–

– Pues la verdad es que muy pocas cosas: algo de ropa, un libro y muchas fotos para sentirme acompañado.

–

– Sí, muy difícil. Recuerdo que un día anduve muchos kilómetros hasta encontrar un lugar seguro para dormir, pero no pude hacer fuego, porque empezó a llover. Me puse toda la ropa y me acosté. ¡Qué fría es la selva por la noche!

–

– ¡Uy! Muchas cosas. La semana pasada estuve en programas de televisión y ayer me hicieron una entrevista en la radio. Esta semana ha sido más tranquila: he acompañado a mis hijos al colegio, he cocinado, he visitado a los compañeros, he ido al gimnasio…

–

– Hace unas semanas que volví de la selva. Vine con muchas experiencias y traje la maleta llena de recuerdos. Esta mañana, cuando he desayunado con mi familia, he pensado: «En la selva, si no tienes nada para comer, tienes que decidir si comes gusanos **u*** *** hormigas. Comer o no comer, esa es la cuestión…».

Preguntas

¿Qué te llevaste?
¿Cómo valoras la experiencia?
Desde que estás aquí, en tu ciudad, ¿qué has hecho?
Fidel, ¿cuándo y por qué fuiste a la selva?
¿Fue difícil la vida en la selva?

AYUDA

➲ * Usamos *e* en lugar de *y* cuando la siguiente palabra comienza por *i* o *hi*.
➲ ** Usamos *u* en lugar de *o* cuando la siguiente palabra comienza por *o* u *ho*.

2 SUPERVIVIENTE

A. Observa estos verbos de la entrevista y completa la tabla con los infinitivos. ¿Son verbos regulares (R) o irregulares (I)?

Vine (i) Venir	Pensé	Dije	Llevaste
Hice	Traje	Anduve	Pude
Puse	Me acosté	Fuiste	Estuve

B. Busca en la entrevista ejemplos de verbos en pretérito perfecto simple y compuesto. Luego recuerda cuándo usamos cada tiempo. Para ello, fíjate en las expresiones de tiempo que van con cada uno: *la semana pasada, esta semana, ayer, esta mañana*... Completa esta reflexión.

Ej. 8 y 9, p. 145

El pretérito perfecto simple y el compuesto

- **Expresiones de tiempo no terminadas**
  Las expresiones de tiempo que para el hablante no están terminadas en el pasado, sino que están conectadas con su momento presente, son: _____
  y usamos el pretérito perfecto _____.

- **Expresiones de tiempo terminadas**
  Las expresiones de tiempo que para el hablante están cerradas y no están conectadas con su momento presente son: _____
  y usamos el pretérito perfecto _____.

C. Piensa en un viaje que has hecho o imagínatelo. Observa estas preguntas, elige las que te gustan, añade otras y hazle una entrevista a tu compañero o compañera. Él o ella te entrevistan a ti.

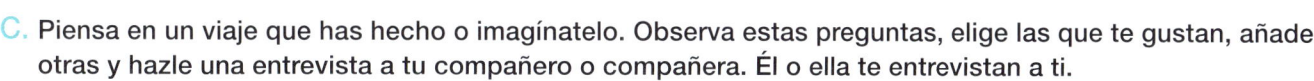
¿Dónde fuiste?

¿Qué día llegaste?

¿Conociste a gente nueva? ¿A quién?

¿Qué visitaste?

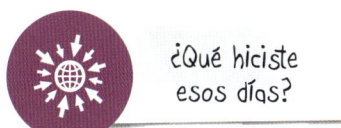
¿Qué hiciste esos días?

¿Cómo llegaste, en autobús, en avión?

¿Fue difícil adaptarte a la cultura?

UNIDAD 12 | ¿NOS VAMOS DE EXCURSIÓN? | EJERCICIOS

GRAMÁTICA Y LÉXICO

1 Observa estas formas del pretérito perfecto simple y di a qué persona gramatical corresponde cada una. Luego, marca los verbos irregulares.

yo | tú | él, ella o usted | nosotros o nosotras
vosotros o vosotras | ellos, ellas o ustedes

_____ llevaste
_____ fuiste
_____ fue
_____ llamaron
_____ estuve
_____ hicieron
_____ volví
_____ traje
_____ llegamos
_____ visitasteis
_____ conocí

_____ empezó
_____ vino
_____ llevaron
_____ hizo
_____ escribí
_____ bebió
_____ leímos
_____ salisteis
_____ escuchaste
_____ compramos

2 De cada columna, elige un verbo irregular y escribe las formas en pretérito perfecto simple.

	ESTAR/PODER	DECIR/PONER
yo		
tú		
él, ella, usted		
nosotros/as		
vosotros/as		
ellos, ellas, ustedes		

SER O IR/TENER	HACER/ANDAR	TRAER/VENIR

3 Completa la historia del té con estos verbos en la forma correcta.

traer | venir | empezar | tener | llegar

El té _____ de Asia, probablemente de China. Los holandeses lo _____ a Europa en el siglo XVII. _____ a América también en este siglo y _____ mucho éxito. Los ingleses _____ a cultivarlo en India. Hoy en día es la bebida más consumida del mundo.

4 Marca la respuesta correcta.

1. Esta es mi toalla.
   - a. Es la mía.
   - b. Es la suya.
2. Estos son nuestros mapas.
   - a. Son los nuestros.
   - b. Son las nuestras.
3. Esta es la mochila de Héctor.
   - a. Es el suyo.
   - b. Es la suya.
4. Estas son las gafas de sol de Marta.
   - a. Son las suyas.
   - b. Son las tuyas.
5. Este es tu botiquín.
   - a. Es el suyo.
   - b. Es el tuyo.
6. Estas son las botas del guía.
   - a. Son los suyos.
   - b. Son las suyas.

5 Relaciona los diálogos.

1. Mis botas están dentro de la mochila.
2. ¿Es esta tu mochila?
3. Creo que este es el móvil de Carlos.
4. ¿Tenéis las bolsas para recoger la basura?
5. Esta no es mi linterna.
6. ¿Son todos los sacos amarillos?

- a. No, creo que no. El suyo es más nuevo.
- b. Sí, las nuestras las lleva Toni.
- c. Las mías también.
- d. ¡Ay, perdona, es verdad, es la tuya!
- e. No sé, pero el mío sí.
- f. No, la mía es roja.

6 Completa con los pronombres.

Ana: ¡Hola, Carmen! ¿Vienes por fin a la excursión?
Carmen: No lo sé, es que son muchas cosas _____ que necesito y no _____ quiero comprar todas.
Ana: A ver, ¿qué necesitas? Quizá yo _____ _____ puedo dejar.
Carmen: Pues no tengo ni saco de dormir ni mochila.
Ana: Vale, pues la mochila _____ puedo pedir a mi hermana y el saco de dormir _____ puedo dejar yo, que tengo dos.
Carmen: ¿De verdad? Muchas gracias.
Ana: ¿Algo más?
Carmen: No, no. Lo demás sí _____ tengo. Bueno, me faltan unas buenas botas, pero _____ _____ va a regalar mi novio.

7 Relaciona. Luego responde: ¿En qué eres bueno?

cocinar | hacer fuego | montar una tienda | orientarse

8 Clasifica estas expresiones de tiempo en función del pretérito con el que van.

ayer | hoy | la semana pasada | esta mañana
esta semana | el lunes | hace dos años
el año pasado | este año | el mes pasado
nunca | en 2017 | hace tres meses

PRETÉRITO PERFECTO SIMPLE

PRETÉRITO PERFECTO COMPUESTO

9 Haz preguntas a tu compañero, como en el ejemplo, para conocer sus experiencias.

1. (Pescar) *¿Has pescado alguna vez? ¿Cuándo fue la última vez que pescaste?*
2. (Cocinar) en el campo
3. (Montar) una tienda de campaña
4. (Conducir) una moto
5. (Hacer) fuego
6. (Escribir) un blog de viajes
7. (Dormir) en la playa
8. (Perderse) en un bosque
9. (Nadar) en un río
10. (Subir) una montaña

CREA TU PROPIO
DICCIONARIO

Escribe los nombres de los alimentos y de los objetos que llevas a una excursión. ¿Por qué los llevas?

Unos frutos secos, porque ocupan poco espacio y dan energía.

ciento cuarenta y cinco | **145**

EXPERIENCIA CULTURAL

Espacios protegidos

Son espacios naturales, áreas terrestres o marinas, que por sus valores naturales están específicamente dedicados a la conservación de la naturaleza y tienen, por lo tanto, una ley especial para su protección.

España es el país europeo con más número de espacios protegidos. Es, además, el país que tiene más plantas y animales únicos, que no existen en otro lugar.

Dos de estos lugares son:

el madroño

la cigüeña

Doñana. Situado en Andalucía, entre dos continentes y entre el océano Atlántico y el mar Mediterráneo. Está formado por varios ecosistemas y se pueden observar más de 300 especies diferentes de aves al año.

Cabañeros. Se encuentra en Castilla-La Mancha. Es una representación del bosque mediterráneo, formado por especies como la encina y el madroño, entre otras. En él viven animales que están en peligro de extinción, como la cigüeña negra y el águila imperial.

01 ¿Qué son los espacios protegidos?
¿Cuál te parece más interesante para visitar? ¿Por qué?

02 Escribe las palabras relacionadas con animales y paisajes.

animales	paisajes

03 ¿Qué parques naturales hay en tu país? Escribe una pequeña descripción en tu cuaderno.

MI EXPERIENCIA

el águila imperial

la encina

Cuento una excursión que he hecho

Cuenta tu experiencia.

¿Cuál es el lugar más bonito o interesante que conoces? Descríbelo. ¿Por qué es para ti tan especial?

¿Cuándo fuiste allí? ¿Qué hiciste? ¿Fuiste solo o fuiste con alguien? ¿Con quién?

Utiliza cualquier material...

ciento cuarenta y siete | 147

Unidad 13

¿Cómo ha cambiado tu vida?

OBJETIVO
Comparar actividades, antes y ahora

PRAGMÁTICA
- Hablar de cambios
- Describir costumbres en el pasado
- Comprar en el mercado
- Comparar la vida de antes y ahora

GRAMÁTICA
- El pretérito imperfecto
- Referencias temporales
- Las palabras compuestas: el *microondas*

LÉXICO
- Las épocas de la vida
- Las tareas domésticas
- Los alimentos

Mi experiencia
Mi vida antes y ahora

Diferentes épocas de la vida

A. Relaciona las fotos con las acciones.

- [ ] Casarse
- [ ] Empezar a trabajar o cambiar de trabajo
- [ ] Tener un hijo
- [ ] Vivir en otro país
- [ ] Enamorarse
- [ ] Sacarse el carné de conducir

B. ¿Has tenido estas experiencias? ¿Cuándo? ¿Cuáles son más importantes para ti? En grupos, elige tres y habla como en el ejemplo. **Ej. 1, p. 156**

> *Para mí es muy importante tener una relación sentimental. ¿Estás casada?*

> *No, no estoy casada. ¿Y tú?*

> *Sí, hace dos años que estoy casada.*

ciento cuarenta y nieve | **149**

UNIDAD 13 | ¿CÓMO HA CAMBIADO TU VIDA? | SECUENCIA 1

1 TAREAS DOMÉSTICAS

A. ¿Te gusta limpiar la casa? ¿Cuándo la limpias: todos los días, los sábados, los domingos? Estas son algunas tareas domésticas cotidianas. Marca…

- a. con una **G** las que te gusta hacer.
- b. con una **O** las que odias hacer.
- c. con una **N** las que no te importa hacer.

 a. Tirar la basura

 b. Lavar los platos

AYUDA

➲ Expresar gustos

- me encanta…
- me gusta…
- no me importa…
- (Yo) odio…

➲ ¡Ojo! ¡El verbo *odiar* no va con un pronombre de objeto indirecto!

 c. Hacer la compra

 d. Cocinar

B. Imagina que compartes piso y hay que repartirse las tareas domésticas. ¿Quién hace cada cosa?

 e. Limpiar la casa

f. Poner la lavadora

Yo puedo cocinar, me encanta.

Pues yo lo odio.

2 AMOS DE CASA

A. ¿Sabes qué significa *amo de casa*? ¿Conoces a alguno? ¿Es fácil ser amo de casa en tu país?

B. En la revista *Cambiar de vida*, Aitor, un amo de casa, nos cuenta su historia. ¿Cuál de estos tres títulos resume mejor cómo se siente Aitor? Explica por qué.

- a. Amo de casa, ¿y qué?
- b. Me gusta estar en casa
- c. Cambio de trabajo

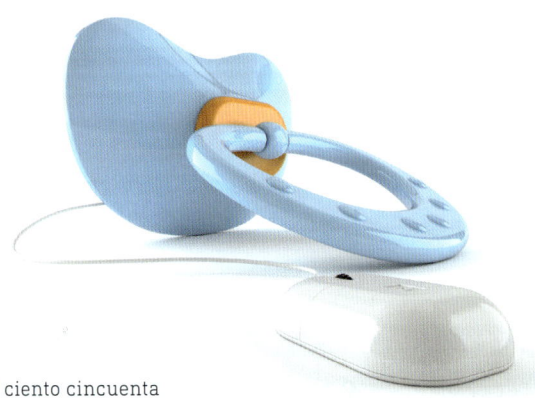

«ME ENCANTA MI NUEVA VIDA»
Aitor, amo de casa

Soy uno más de los 445 000 hombres que en España, según el periódico *El País*, han decidido dedicarse por completo a ser amos de casa. Ha sido una gran decisión, porque no es fácil romper con el modelo tradicional que te dice que el papel del hombre es ganar dinero y mantener a la familia.

Antes era periodista. Viajaba mucho y pasaba muchos días fuera de casa, sin ver a mi familia. Esa es la razón principal para cambiar de vida: quería estar más tiempo con mi hija.

Ahora la vida es más fácil para toda la familia. Mi mujer es abogada. Antes solo iba a trabajar por la mañana, porque tenía que cuidar a la niña cuando salía del trabajo. Ahora dedica más horas a su trabajo, porque yo me ocupo de la casa, de la niña y tengo tiempo para escribir algún artículo en casa.

Estoy muy contento con el cambio y no me preocupa lo que piensa la gente. Me encanta mi nueva vida.

150 | ciento cincuenta

3 ANTES Y AHORA

A. En el texto «Me encanta mi nueva vida» hay un nuevo tiempo verbal, el pretérito imperfecto. Busca los verbos en el texto y completa la información. Luego, marca las dos opciones correctas en el cuadro de su uso.

Antes
Pretérito imperfecto

- _____ periodista.
- _____ mucho y _____ muchos días fuera de casa.
- _____ estar más tiempo con su hija.

Ahora
Presente

- **Es** amo de casa.
- **Trabaja** en casa y **está** más tiempo con su hija.
- **Quiere** vivir más tranquilo.

Uso del imperfecto

- En este contexto, se usa el imperfecto para:
  - ☐ a. decir fechas
  - ☐ b. describir el pasado
  - ☐ c. hablar de costumbres pasadas

B. Completa para aprender la forma del pretérito imperfecto. *Ej. 2, 3 y 4, p. 156*

	VIAJAR	QUERER	SALIR
yo	viajaba	quería	salía
tú	viajabas	_____	salías
él, ella, usted	_____	quería	_____
nosotros/as	viajábamos	_____	salíamos
vosotros/as	viajabais	queríais	_____
ellos, ellas, ustedes	viajaban	_____	salían

C. Los verbos *ser* e *ir* son completamente irregulares, pero ¿por qué es irregular el verbo *ver*?

	SER	IR	VER
yo	era	iba	veía
tú	eras	ibas	veías
él, ella, usted	era	iba	veía
nosotros/as	éramos	íbamos	veíamos
vosotros/as	erais	ibais	veíais
ellos, ellas, ustedes	eran	iban	veían

AYUDA

↻ Solo hay estos tres verbos irregulares en imperfecto.

D. Clasifica estas expresiones de tiempo. ¿Conoces alguna más? *Ej. 5 y 6, p. 156*

En la actualidad | En aquella época
Cuando era/vivía… | Antes | Actualmente
Hoy | Ahora | En aquellos tiempos
Cuando tenía… años

Presente	Pasado

E. Describe tres cambios. Puedes hablar de algún cambio físico, personal, de trabajo, de país, de casa, etc. Luego, compara en grupos. ¿Qué cambios te sorprenden más?

Yo antes tenía el pelo largo y ahora lo tengo corto.

Pues yo ahora tengo el pelo igual que antes, pero, cuando era joven, trabajaba en un banco y ahora soy taxista.

UNIDAD 13 | ¿CÓMO HA CAMBIADO TU VIDA? | SECUENCIA 2

1 VUELVEN LOS MERCADOS

A. Lee este blog sobre los mercados y relaciona los párrafos con estos títulos.

1. Ofertas variadas
2. ¿Por qué son especiales los mercados?
3. Ventajas de comprar en los mercados
4. Mercados famosos
5. ¿Por qué escribir el blog?

LOS MERCADOS
Miércoles, 20 de mayo

☐ Hoy os quiero hablar de los mercados porque son muy interesantes cuando vamos a una ciudad nueva y porque ayer visité el mercado de mi ciudad y me gustó mucho.

☐ Hay algo mágico en los mercados que es difícil de describir: sus colores, olores, sonidos, su gente…

☐ Existen mercados muy famosos que normalmente están en el centro de la ciudad: La Boquería en Barcelona; el Mercado de San Miguel en Madrid; el Mercado Colón en Valencia; el de San Martín en San Sebastián o el de San Telmo en Buenos Aires.

☐ ¿Por qué ir a un mercado hoy, con todas las posibilidades de compras *on-line* y los grandes supermercados? Pues porque los productos son frescos, normalmente no se usa tanto plástico, porque se puede hablar con la persona que vende y porque hay variedad de productos de temporada, ambiente y cultura local.

☐ Ya no solo se va al mercado a comprar, sino que hay muchas ofertas: después de la compra, puedes tomar unas tapas, hacer un curso de cocina o participar en conferencias.

¿A qué esperas? Sal con tu bolsa y… compra comida fresca y sana.

Mercado Colón, Valencia

Mercado de San Telmo, Buenos Aires

B. Estas son tres tiendas del mercado. ¿Conoces otras? ¿Qué puedes comprar en cada una?

2 HOY VOY AL MERCADO

A. Contesta a estas preguntas.

a. ¿Quién hace la compra en tu casa?
b. ¿Con qué frecuencia la haces, qué día de la semana y a qué hora?
c. ¿Te gusta hacer la compra? ¿Por qué?
d. ¿Haces una lista antes o improvisas?

AYUDA
- *Hacer la compra* se utiliza para comprar alimentos.
- *Ir de compras* se utiliza para comprar ropa, zapatos u otras cosas.

B. ¿Dónde compramos estos alimentos? Clasifícalos. **Ej. 7 y 8, p. 157**

La carnicería	La frutería		La pescadería
	La fruta	La verdura	

C. Vuelve a mirar las ilustraciones. ¿Qué productos te gustan? ¿Qué productos no te gustan? ¿Qué compras normalmente?

> A mí me gustan mucho las fresas. Compro fresas todas las semanas.

🔊 32 **D.** Un periodista hace una encuesta en el mercado. Escucha las respuestas y completa el cuadro.

	¿Con qué frecuencia?	¿Cuándo?	¿Qué van a comprar?	¿Por qué?
Diálogo 1				
Diálogo 2				

E. ¿Dónde haces normalmente la compra: en un mercado o en un supermercado? ¿Por qué? (Puedes utilizar barato/caro, cómodo/incómodo, cerca/lejos…)

UNIDAD **13** | **¿CÓMO HA CAMBIADO TU VIDA?** | SECUENCIA **3**

1 CAMBIAR DE VIDA

A. La revista *Cambiar de vida* está buscando historias para su próximo número. Escucha la entrevista que han hecho a Marta, una cantante de moda, y toma nota. Después, escribe la historia para la revista. ¿Es parecida a la de tus compañeros? ¿Cuál es la más completa?

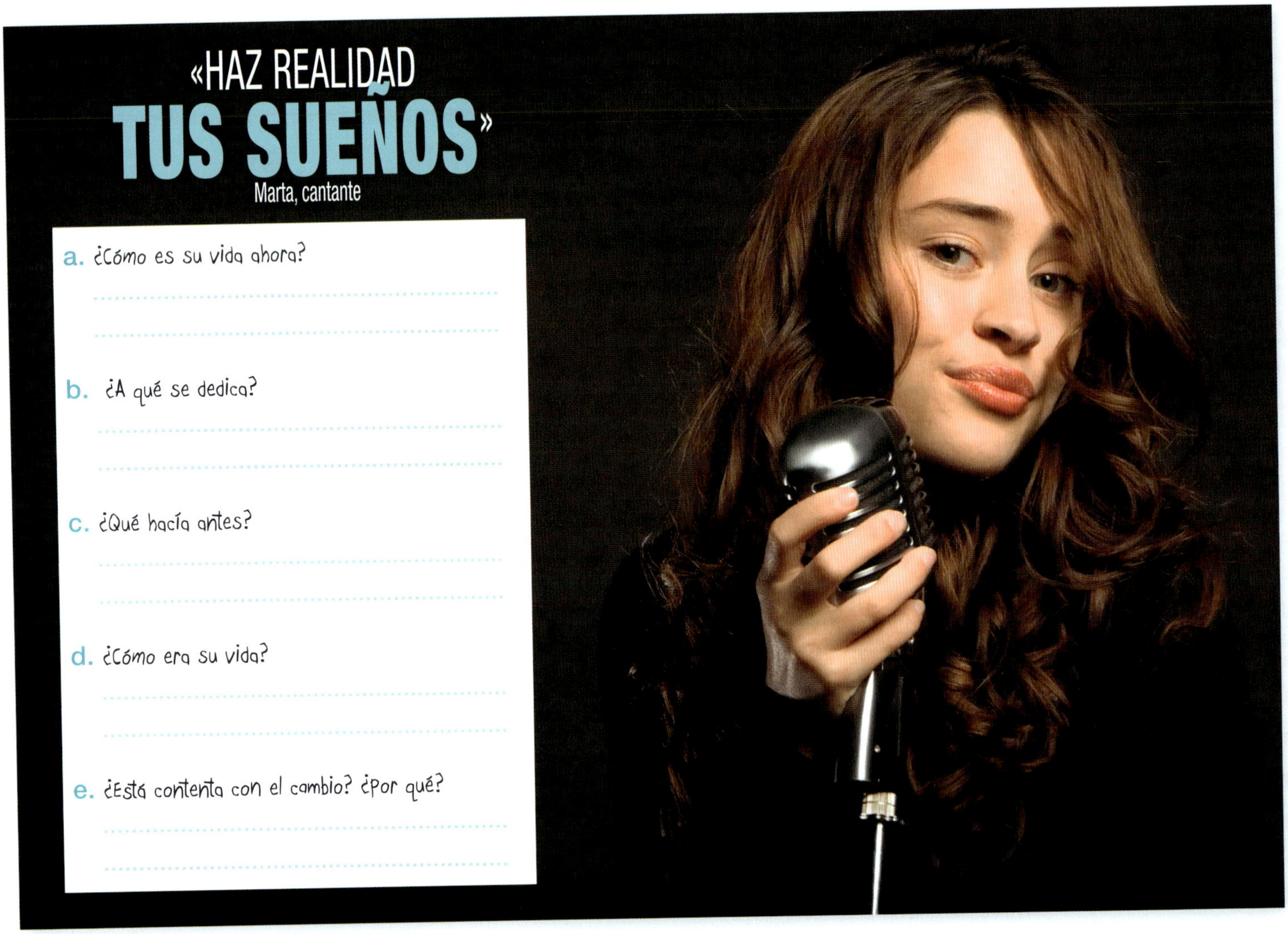

🔊 33

«HAZ REALIDAD **TUS SUEÑOS**»
Marta, cantante

a. ¿Cómo es su vida ahora?

b. ¿A qué se dedica?

c. ¿Qué hacía antes?

d. ¿Cómo era su vida?

e. ¿Está contenta con el cambio? ¿por qué?

B. Ahora tienes la oportunidad de aparecer en la revista *Cambiar de vida*.

a. Prepara una identidad ficticia (nombre, profesión, etc.) y piensa las respuestas para las preguntas de la entrevista.

b. Todos nos ponemos en dos círculos concéntricos. Suena la música y nos movemos hacia la derecha. Cuando para la música, entrevista a quien tienes delante. Suena otra vez la música…

c. Hacemos una votación: toda la clase decide qué tres personas van a aparecer en la revista. ¿Cuál es la historia más original? ¿Quién ha hecho el cambio más grande?

Mi nombre es…

2 LA VIDA DE AGUSTINA

A. Observa las fotos y ordénalas. Luego completa las frases con estas acciones en pretérito simple o en presente.

1. [a] aprender a hacer pan
2. [ ] emigrar a París
3. [ ] casarse
4. [ ] ir a una escuela de cocina
5. [ ] escribir su autobiografía
6. [ ] trabajar en el campo

Cuando era pequeña, *aprendió a hacer pan.*

Ahora, de mayor, con 80 años.

A los 24 años.

Con 20 años.

Cuando tenía 40 años.

A los 14 años, como mucha gente de mi edad.

B. Agustina habla de su infancia con su nieta. Escucha su relato para responder a estas preguntas.

34

a. ¿Cómo era físicamente?, ¿y de carácter?
b. ¿Qué cosas sabía hacer?
c. ¿Qué recuerda de su escuela?
d. ¿Cómo se divertía?

C. Fíjate con qué palabras expresamos épocas pasadas y completa este cuadro.

Referencias temporales
A los 14 años

D. Piensa en tu infancia y recuerda cómo eras, qué te gustaba hacer en tu tiempo libre, qué música escuchabas, a qué lugares ibas…

a. Escríbelo en un papel. *Cuando era joven…*
b. Haz una bola con el papel y lánzala a otros compañeros de la clase.
c. Con la bola que tienes ahora, lee y adivina de quién crees que es.

UNIDAD 13 | ¿CÓMO HA CAMBIADO TU VIDA? | EJERCICIOS

GRAMÁTICA Y LÉXICO

1 Escribe cinco experiencias que pueden cambiar la vida de una persona.

Tener un hijo.

1. _____
2. _____
3. _____
4. _____
5. _____

2 Escribe la forma de estos cuatro verbos en pretérito imperfecto.

	LAVAR	HACER
yo		
tú		
él, ella, usted		
nosotros/as		
vosotros/as		
ellos, ellas, ustedes		

	VIVIR	SER
yo		
tú		
él, ella, usted		
nosotros/as		
vosotros/as		
ellos, ellas, ustedes		

3 Completa la vida de esta persona con los verbos en la forma adecuada.

acostar | vivir | hacer | trabajar | tener
salir | gustar

De pequeña, _____ una vida muy cómoda, porque no _____ en casa: no cocinaba, no _____ la compra y no limpiaba. _____ muy bien en casa con mi familia, aunque había unas normas que no me _____ nada y tenía algunas obligaciones, como estudiar y hacer los trabajos de la escuela, pero después de las clases _____ con mis amigos por ahí. Por la noche, me _____ después de ver mis series favoritas.

4 Escribe *antes* o *ahora* delante de cada frase y completa con los verbos en presente o en pretérito imperfecto.

1. ☐ la gente _____ (tener) menos hijos.

2. ☐ viajar en avión _____ (ser) más caro.

3. ☐ se _____ (leer) más el periódico digital.

4. ☐ los estudiantes _____ (consultar) el diccionario en papel.

5. ☐ no se _____ (usar) tarjetas de crédito.

5 Subraya la opción correcta.

1. Antes no *hay/había* móviles.
2. En aquella época las familias no *tenían/había* televisión.
3. Durante esos años, la gente se *iba/fue* de los pueblos.
4. *Antes/Ahora* los turistas pasan sus vacaciones en la playa.
5. En aquellos años, los españoles *bailan/bailaban* en fiestas en casa.
6. En los años sesenta, los españoles *siguieron/seguían* la moda pop.

6 Observa y responde oralmente: ¿Cómo eran antes? ¿Cómo son ahora?

Antes — Ahora — Antes — Ahora

7 Clasifica estas palabras. Puede haber varias opciones. Escribe el artículo.

chorizo | fresas | atún | gambas | cordero | naranja
zanahoria | ajo | salmón | jamón | ternera | manzana
merluza | cebolla | calamares

🍲 Se cocina	🔴 Es de color naranja o rojo	Es típico de España

🍽 No pueden comerlo los veganos	🦀 Viene del mar

8 Completa con la palabra correcta.

el mercado | la carnicería | la compra
el alimento | el supermercado

1. Puede ser fruta, verdura, carne: _____
2. Normalmente está en el centro de la ciudad y tiene muchos puestos diferentes: _____
3. Es una actividad que se hace para tener comida en casa: _____
4. Es más o menos grande y tiene productos en diferentes secciones: _____
5. Es donde puedes comprar la carne: _____

CREA TU PROPIO
DICCIONARIO

Escribe dentro de esta casa en un color los nombres de las habitaciones, en otro color las tareas domésticas.

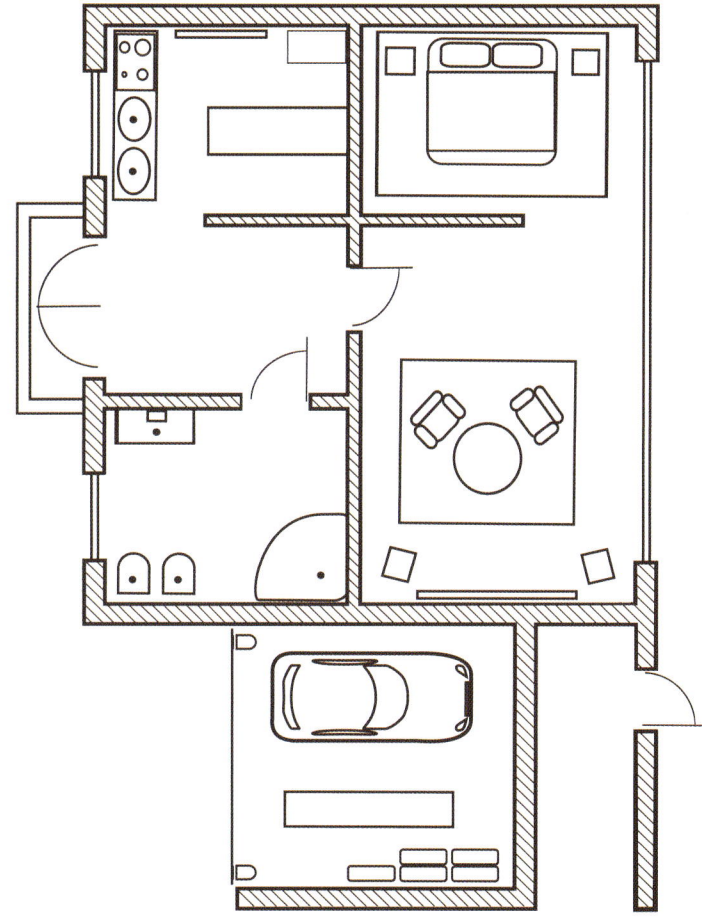

ciento cincuenta y siete | **157**

EXPERIENCIA CULTURAL

¡Qué época!

01 Observa estas fotos y elige a qué época de la historia española crees que pertenecen.

a. años 20-40
b. años 50-70
c. años 80-2000

02 Relaciona estos textos con las fotos para saber más de esta época.

1 En aquella época la televisión empezó a ser importante en la vida de los españoles. Se veía el fútbol, las series… Solo había dos canales y eran en blanco y negro. En aquella nueva sociedad de consumo, la publicidad en la tele era fundamental.

2 Durante los años 50 la ciudad ofrecía oportunidades de trabajo en la industria. Muchos españoles dejaron el campo y se fueron a la ciudad. La construcción de viviendas crecía y crecía, pues los sueldos aumentaban y muchos españoles se compraron su primer piso.

3 Era la época de la generación yeyé, representante de la cultura pop: un estilo de vida, una forma de ser, una actitud ante los cambios sociales. Los Beatles sonaban en todos los tocadiscos, hoy un objeto para coleccionistas. El pop y el *twist* se bailaban en los guateques (fiestas en las casas). En los clubs se escuchaba en directo a los grupos del momento.

4 Entonces la moda estaba muy influenciada por las nuevas tendencias musicales y se copiaban los estilos de los cantantes favoritos. Los jóvenes ya no vestían como sus padres: los chicos llevaban vaqueros y el pelo más largo y algunas chicas llevaban minifaldas y el pelo más corto.

5 En los 60 empezó el *boom* del turismo. España ya era un destino atractivo para muchos extranjeros por la oferta de sol y playa, y porque los precios eran más baratos respecto a sus países. Muchos españoles pasaban el verano en la playa.

6 En esa época tener un coche Seat 600 era el sueño de muchos españoles. Con él se movían con libertad por la ciudad o iban al campo y a la playa de vacaciones. Los viajes eran incómodos, porque toda la familia viajaba en ese pequeño coche sin aire acondicionado.

MI EXPERIENCIA

Mi vida antes y ahora

✱ Escribe cosas que hacías diferentes antes y ahora.

Cuando era más joven, salía mucho por las noches.

✱ Compara las ideas que tenías sobre España antes de empezar el curso con la opinión que tienes ahora.

Antes de estudiar español, pensaba que en España todo el mundo dormía la siesta y ahora sé que depende de…

Unidad 14
¿Estás en forma?

OBJETIVO

Recomendar el ejercicio y el juego

PRAGMÁTICA
- Dar instrucciones
- Expresar estados físicos
- Hablar de emociones
- Quedar

GRAMÁTICA
- El imperativo afirmativo regular e irregular: *tú*
- *Estar* + estado físico/emocional

LÉXICO
- Las actividades físicas y los deportes
- Los eventos y hábitos deportivos
- Los estados físicos y los emocionales

Mi experiencia
Estoy en forma

Actividades físicas y mentales

A. Elige una foto y describe qué actividad es. ¿La has practicado tú en alguna ocasión?

B. Observa el cartel del evento del 6 de abril y responde.

a. ¿Qué actividades te gustan de este evento?

b. ¿Qué otro ejercicio físico y mental puedes proponer para el Día Mundial de la Actividad Física y Mental?

c. En tu ciudad, ¿hay algún evento similar? ¿Cuándo es?

Sábado, 6 de abril

Día Mundial de la Actividad Física y Mental
Palacio de los deportes

09:30	Taichí y yoga en familia
11:00	Conferencia sobre el deporte en familia
12:30	Aeróbic y *zumba*
15:00	Bici en familia por el paseo de la Alameda
16:00	Paseo para todos (Bosque Animado: circuito botánico)
18:00	Descanso para recuperar energía: zumos naturales
19:00-22:00	Feria de productos deportivos
20:00	Pilates o danza
22:00	Concierto de Los Olímpicos

30 minutos de actividad física cada día

UNIDAD 14 | ¿ESTÁS EN FORMA? | SECUENCIA 1

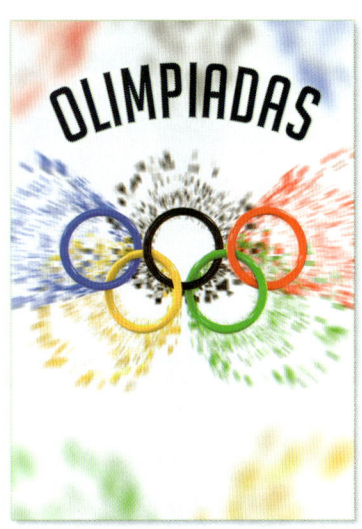   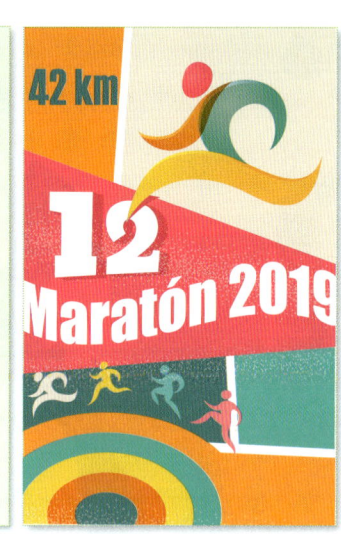

1 EVENTOS DEPORTIVOS

A. Observa los carteles de estos eventos deportivos. ¿Has participado en alguno o has asistido como público? ¿Dónde? ¿Cuándo? **Ej. 1, p. 168**

➲ Se puede decir *el maratón* y *la maratón*.

B. Si te gusta correr, estas son algunas palabras útiles. Coloréalas según su categoría. Escribe los artículos.

la acción **la persona** **el evento**

competición · participante · correr · competir · carrera · corredor · recorrido · inscribirse · participar

2 CIUDADES PARA CORRER

A. Lee la información de este blog de viajes sobre algunas de las ciudades más interesantes para correr una maratón. En cada texto hay pistas para descubrir el nombre de la ciudad. Encuéntralas. **Ej. 2, p. 168**

3 MARATONES Y 3 CIUDADES

Inicio | Artículos | Consejos | Contacto

Boston, Berlín o Londres son anualmente el escenario de las más prestigiosas carreras internacionales. Una oportunidad perfecta para viajar y disfrutar de la experiencia de correr por sus impresionantes calles.

1. La **maratón de** _____ es la más antigua. Para participar hay que correr los 42,195 km en menos de un tiempo límite y permite contemplar el paisaje que ofrece la ciudad. Es la única carrera en el mundo que se celebra un lunes, el tercer lunes de abril, día festivo en Massachusetts.

2. Desde abril de 1981, la **maratón de** _____ reúne en la ciudad a miles de participantes y turistas. Tiene carácter solidario: conseguir dinero con fines sociales. Durante el recorrido, los corredores pasan junto a los puntos turísticos, como el Big Ben o el Palacio de Buckingham.

3. La primera **maratón de** _____ se celebró en 1974, con 286 corredores. Actualmente corren unos 50 000 participantes. Tiene un recorrido llano y fácil. Es una oportunidad perfecta para conocer la Puerta de Brandeburgo en septiembre u octubre, y conocer toda la ciudad en un ambiente festivo, con bandas de música.

B. Identifica a qué ciudad o ciudades pertenecen estas frases, según la información de los textos.

1. Es la carrera con más historia. _____
2. El recorrido es fácil, para hacerlo en un tiempo récord. _____
3. El dinero que se recoge es para causas humanitarias. _____
4. Se corren en primavera. _____
5. Son un recorrido muy turístico. _____
6. El número de participantes ha aumentado mucho desde 1974. _____

C. Después de leer sobre diferentes maratones, ¿en cuál te parece más interesante participar? ¿Por qué?

3 PREPARARSE PARA CORRER

A. ¿Qué aspectos te parecen importantes para prepararse para correr?

- Estado físico
- Alimentación
- Ropa y calzado
- Entrenamiento

La alimentación es muy importante, porque hay alimentos que dan más energía.

5 CONSEJOS PARA CORREDORES NOVELES

1. Bebe suficiente agua
2. Elige ropa y zapatillas adecuadas
3. Corre todos los días
4. Añade estiramientos a tus rutinas
5. Controla el ritmo y la respiración

B. Lee este folleto con instrucciones para quienes van a correr por primera vez y relaciona cada una con su explicación.

- ☐ *Entrenar* significa prepararse físicamente, correr cada día, por ejemplo.
- ☐ Respira bien, toma el aire por la nariz y expúlsalo por la boca. Conoce tu ritmo, es importante no cambiarlo el día de la carrera.
- ☐ Estar mareado puede ser un síntoma de que estás deshidratado. Bebe agua.
- ☐ Siempre es mejor llevar tus viejas zapatillas que unas nuevas. Y lleva ropa cómoda.
- ☐ Antes y después de la carrera haz unos ejercicios básicos para tus piernas, así ayudas a tu cuerpo y evitas problemas.

C. Las instrucciones del folleto están en imperativo. Fíjate en ellas y completa la tabla. Luego, busca más ejemplos en las frases anteriores. En ellas hay un verbo irregular. ¿Cuál? `Ej. 3 y 4, p. 168`

D. Crea tres instrucciones más.

Imperativo *tú*

Regulares

	Infinitivo	Imperativo *tú*
• -ar	*entrenar*	*entrena*
• -er		
• -ir		

Irregulares con cambio vocálico

o → ue	e → ie	e → i
(v**o**lver)	(div**e**rtirse)	(el**e**gir)
v**ue**lve	div**ié**rtete	

UNIDAD 14 | ¿ESTÁS EN FORMA? | SECUENCIA 2

1 ¿GIMNASIO O POLIDEPORTIVO?

A. ¿Qué diferencia hay entre gimnasio y polideportivo? ¿Qué otros espacios conoces para hacer actividades físicas?

B. Observa estas actividades. ¿Cuáles son buenas para estar en forma? ¿Por qué?

C. Observa los imperativos irregulares, elige siete actividades para el programa *Estar en forma a tu ritmo* y escríbelas en imperativo. Ej. 5 y 6, p. 168 y 169

Imperativo irregular (I)

Salir → *Sal*   Ir → *Ve*
Hacer → *Haz*   Poner → *Pon*

hacer yoga | ir en bicicleta | llevar paquetes | correr
cuidar el jardín | hacer bricolaje | jugar al golf | jugar en el parque
hacer gimnasia | hacer pesas | salir a pasear | jugar al tenis

Programa de actividades
Estar en forma a tu ritmo

2 ESTADOS FÍSICOS Y EMOCIONALES

A. Cuando hacemos deporte, podemos pasar por diferentes estados. Marca **F** si es físico y **E** si es emocional y añade otros. Ej. 7, p. 169

enfermo/a · contento/a · cansado/a · nervioso/a · mareado/a
motivado/a · tranquilo/a · deshidratado/a · emocionado/a

B. ¿Qué emociones vive un corredor el día de su carrera? Escríbelas en esta línea temporal.

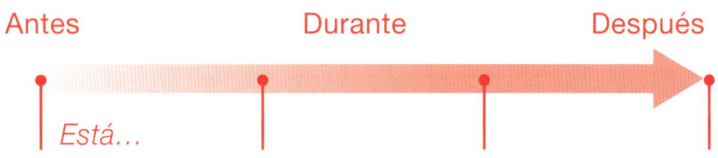

Antes — Durante — Después

Está...

C. ¿Cómo crees que se siente una persona en estas situaciones? Elige un estado y da un consejo en imperativo.

- Está solo/a porque es nuevo/a en la ciudad, está ☐
- Tiene mucho trabajo y no tiene tiempo libre, está ☐

3 HAZ EJERCICIO

A. ¿Estáis de acuerdo con estas frases?

- Si haces ejercicio, duermes mejor.
- Si haces deporte, haces amigos y estás más feliz.
- Si practicas deporte, controlas tu peso.
- Si participas, te sientes mejor.

B. Lee y ordena los párrafos de este informe de la OMS sobre el sedentarismo (la vida sin actividad física).

El sedentarismo: razones para levantarte del sofá

☐ Más de la mitad de los adultos mayores de 50 años de los países desarrollados realiza una actividad física insuficiente. La vida sedentaria influye en nuestro estado de salud: problemas para dormir, aumento de peso y, además, puede causar depresión.

☐ Por lo tanto, debemos pensar en los muchos beneficios que tiene el ejercicio físico: haces amigos, mejoras el rendimiento escolar y laboral, y el estado anímico.

☐ En definitiva, deja la vida sedentaria. Ten una actividad física, es suficiente con hacer más de hora y media de actividad física a la semana, distribuida en tres días. El propósito es fácil de cumplir y los beneficios que aporta son muchos.

[1] En las calles de tu ciudad puedes ver a muchas personas haciendo diferentes actividades físicas, como ir en bicicleta, hacer taichí, correr, pasear…

☐ Sin embargo, también hay muchos sedentarios, personas que prefieren sentarse en el sofá cuando llegan a casa después de trabajar. Según la Organización Mundial de la Salud (OMS), son personas inactivas aquellas que hacen menos de 90 minutos de actividad física a la semana.

➲ Un *informe* describe una situación o problema sobre el que se está investigando. Consta de introducción, desarrollo y conclusión.

C. Identifica en el informe estas tres partes. En la conclusión, hay un imperativo irregular nuevo. Localízalo.

1. Presenta y describe a la persona sedentaria.
2. Muestra el contenido de la investigación.
3. Ofrece conclusiones.

D. Escucha a estas personas para conocer qué actividades físicas hacen. Toma nota.

Actividad	Frecuencia

E. En grupo, elabora un breve informe con el nivel de sedentarismo de la clase. Investiga qué actividades físicas se practican, dónde y con qué frecuencia.

ciento sesenta y cinco | **165**

UNIDAD **14** | **¿ESTÁS EN FORMA?** | SECUENCIA **3**

1 NO SOLO ACTIVIDADES FÍSICAS

A. ¿Qué te gusta hacer cuando estás en una nueva ciudad? Coméntalo con el resto de la clase.

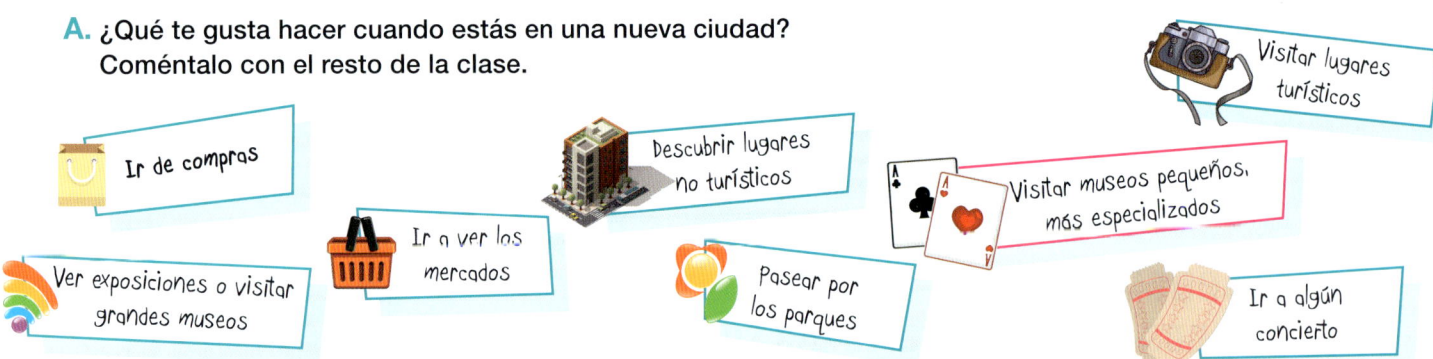

- Ir de compras
- Ir a ver los mercados
- Descubrir lugares no turísticos
- Visitar lugares turísticos
- Visitar museos pequeños, más especializados
- Ver exposiciones o visitar grandes museos
- Pasear por los parques
- Ir a algún concierto

B. Un grupo de viajeros ha creado esta guía de turismo alternativo de la ciudad de Vitoria. Léela y marca si estos datos son verdaderos o falsos.

	V	F
a. Proponen cuatro rutas de turismo diferente.	☐	☐
b. En la ruta de los museos, se visitan muchos museos pequeños.	☐	☐
c. El Museo Fournier es un museo de cartas, también llamadas *naipes*.	☐	☐
d. En la ruta literaria vas a conocer librerías antiguas de la ciudad.	☐	☐
e. El Anillo Verde es un conjunto de parques de Vitoria.	☐	☐
f. Los murales de Vitoria son pinturas en los edificios de la ciudad.	☐	☐

C. ¿Cuál te parece más interesante? ¿Por qué? ¿Hay alguna ruta similar en tu ciudad?

Turismo alternativo por Vitoria

¿Quieres perderte en la ciudad?

Si quieres conocer la otra cara de Vitoria, te proponemos cuatro opciones diferentes. Tú eliges dónde ir, depende de tus gustos y tus intereses.

1. LA RUTA DE LOS MUSEOS

En el centro de Vitoria se encuentra Bibat. Está compuesto de dos museos: el Museo Fournier de Naipes, que muestra colecciones históricas de juegos de cartas de los cinco continentes, y el Museo de Arqueología de Vitoria.

3. LA RUTA VERDE

Vitoria fue Capital Verde Europea en 2011 y es una de las ciudades de España con más zonas verdes. La ciudad está rodeada por seis grandes parques que se conocen con el nombre de *Anillo Verde*.

2. LA RUTA LITERARIA

¿Te gustan las novelas? En esta ruta literaria vas a pasear por algunos de los lugares llenos de misterio que aparecen en algunas novelas, como en *Un mundo sin fin*, del famoso escritor Ken Follett.

4. LA RUTA DE LOS MURALES

Vitoria tiene una bonita ruta de murales. Son 15 en total y están repartidos por edificios de toda la ciudad. Es una manera diferente de conocer el arte y la historia de Vitoria.

2. ¿QUEDAMOS?

A. Tres amigos están haciendo planes para hacer algo juntos en Vitoria. Escucha la conversación y responde a estas preguntas.

¿ADÓNDE VAN A IR?

¿A QUÉ HORA SE ENCUENTRAN?

¿DÓNDE SE ENCUENTRAN?

B. Lee este fragmento de la conversación y clasifica las expresiones marcadas. ¿Conoces alguna más? Ej. 8, p. 169

Lucía: ¿Qué os parece si hacemos algo juntos mañana por la tarde?
Dani: Vale, ¿qué podemos hacer?
Celia: Yo tengo que ir de compras, ¿por qué no venís conmigo?
Lucía: ¡Ay, no! Es que a mí no me gusta ir de compras.
Celia: Bueno, ¿y si vamos al Museo de las cartas?
Lucía: Me parece perfecto. Me gustan mucho los museos pequeños. Y después podemos ir a ver los murales.
Dani: Por mí bien también. ¿Puede venir con nosotros Humberto? Es que sé que quiere verlos.
Celia: Sí, sí, podemos quedar con él, claro que sí.
Dani: Entonces, ¿cómo y dónde quedamos?
Celia: ¿Quedamos a las cuatro en la plaza de España?
Lucía: Perfecto.

Proponer	¿Qué os parece si...?
Aceptar (decir que sí)	
Rechazar (decir que no) + excusa	
Quedar (organizar el encuentro)	

➲ Es muy normal en España poner una excusa cuando decimos *no* a algo.
- Lo siento, es que...
- No puedo, es que...
- Ay, no, es que...

C. Aquí tienes una lista de actividades. Pregunta a tu compañero o compañera para conocer sus gustos o para proponer actividades. ¿A qué ruta podéis ir juntos?

La arqueología | Jugar a las cartas | Visitar museos | Leer novelas de historia | Pasear por el parque | Los murales

¿Te gusta la arqueología?

Sí, me gusta mucho.

¿Por qué no vamos al Museo de Arqueología?

Sí, me parece perfecto.

GRAMÁTICA Y LÉXICO

1 Completa el texto con estas palabras.

> recorrido | carrera | maratón | corredores | correr | participar | inscribirse

La _____ de Tokio es una competición que reúne a muchos aficionados de todo el país. En esta _____ no es importante el tiempo de clasificación, solo es importante _____. El _____ por las calles y avenidas de esta ciudad es sorprendente. Se pueden ver _____ vestidos de un personaje manga. Para _____ es necesario tener 19 años, pero, como son muchísimos los aficionados, hay que _____ en un sorteo.

2 Escucha este programa de radio sobre la San Silvestre de Madrid. Completa la información.

🔊 37

- Día y hora de salida _____
- Lugar de llegada _____
- Inscripciones _____
- Participantes _____

3 Lee los consejos y relaciónalos con el verbo. Son verbos irregulares.

> ponerse | decir | salir | ir | venir | hacer

1. Ven a cenar a casa.
2. Ve al médico.
3. Haz ejercicio todos los días.
4. Ponte ropa cómoda.
5. Sal más con amigos.
6. Di la verdad.

4 Marca los verbos que son irregulares en el presente y escríbelos en la forma *tú* del imperativo.

> participar | tomar | correr | desayunar | poner | entrenar | empezar | salir | nadar | ir | decir | inscribirse | buscar | comentar | competir | llamar

regulares
1. _____
2. _____
3. _____
4. _____
5. _____
6. _____
7. _____
8. _____
9. _____
10. _____

irregulares
1. _____
2. _____
3. _____
4. _____
5. _____
6. _____

5 Completa los consejos con los verbos en imperativo (tú). Después, relaciona las preguntas con los consejos.

¿Quieres estudiar en el extranjero? **1.** ○
¿Estás enfermo? **2.** ○
¿Quieres estar en forma? **3.** ○
¿Necesitas cambiar de imagen? **4.** ○
¿Te interesa conocer gente? **5.** ○

○ a. _____ (Ir) al médico.
○ b. _____ (Venir) a mi fiesta.
○ c. _____ (Comprar) ropa nueva.
○ d. _____ (Hacer) ejercicio.
○ e. _____ (Pedir) una beca.

6 Completa estos mensajes publicitarios con los imperativos.

1. _____ (Tener) vida social, _____ (venir) a nuestro gimnasio.
2. _____ (Ser) organizado, _____ (escribir) tu rutina deportiva.
3. _____ (Hacer) meditación en nuestro *spa*.
4. _____ (Salir) a correr con nosotros, _____ (inscribirse) en nuestra web.
5. _____ (Probar) gratis nuestras bebidas energéticas.

7 Clasifica estos estados.

> estar triste | estar desmotivado/a | estar enfermo/a | estar cansado/a | estar contento/a | estar tranquilo/a | estar estresado/a | estar emocionado/a | estar alegre | estar motivado/a | estar mareado/a | estar bien

	Estados físicos	Estados emocionales
⊕ Positivos		
⊖ Negativos		

8 Marca si estas frases sirven para proponer (P), rechazar (R) o aceptar (A).

1. Me parece genial. — P / R / A
2. ¿Y si vamos a ver una exposición? — P / R / A
3. Podemos hacer la ruta literaria. — P / R / A
4. Es que no me gusta ir de compras. — P / R / A
5. Vale, perfecto. — P / R / A
6. ¡Ay, no! Otro museo, no, por favor. — P / R / A
7. Por mí, muy bien. — P / R / A
8. ¿Y si vamos a pasear por el parque? — P / R / A

CREA TU PROPIO DICCIONARIO

Aquí tienes el índice de la revista *Estar en forma*. Complétalo con todo el léxico aprendido en la unidad.

ESTAR EN FORMA ÍNDICE

- **Eventos importantes** — Pág. 4
  Olimpiadas,

- **Actividades físicas:** — Pág. 8
  Hacer yoga,

- **Estados físicos y emocionales:** — Pág. 12
  Estar cansado/a,

- **Consejos para combatir el sedentarismo:** — Pág. 22
  Levántate del sofá,

- **Consejos para correr en la ciudad:** — Pág. 37
  Lleva zapatillas cómodas,

EXPERIENCIA CULTURAL

LA HABANA

CIUDAD DE MÉXICO

Maratones donde se habla español

01 Se puede correr una maratón y hacer turismo al mismo tiempo. Infórmate sobre estas maratones y elige tu destino para correr. Después, completa la ficha.

MARATÓN DE LA HABANA

Mes: noviembre

Corre en el circuito de Marabana y conoce las zonas singulares de La Habana, como La Habana Vieja, y sus avenidas y sus magníficos edificios Patrimonio de la Humanidad. Es una excelente maratón para correr con buena temperatura, cerca del mar, y para disfrutar de la gran hospitalidad del pueblo cubano.

Información oficial: https://www.mapoma.es/marabana/

MARATÓN DE MÉXICO

Mes: agosto

Si corres en la maratón de México, vas a conocer una de las metrópolis más increíbles del mundo. Aprovecha la visita, descubre la comida mexicana y escucha unas rancheras en el Tenampa, una de las cantinas más famosas de la plaza Garibaldi. En agosto puede llover, pero la temperatura es muy agradable.

Información oficial: https://maratoncdmx.com/

MARATÓN DE SAN SEBASTIÁN

Mes: noviembre

San Sebastián es una de las ciudades más bellas de España. Corre junto a la espectacular playa de La Concha y vive una experiencia increíble. La recomendación imprescindible para todo corredor es acabar el día probando unos deliciosos pinchos. La temperatura en noviembre puede ser de 10 grados y es muy probable la presencia de lluvia.

Información oficial: https://www.maratondonostia.com/

Fragmento adaptado de https://elpais.com/elpais/2017/04/08/mamas_papas/1491634526_592762.html

MIS MARATONES

- Nombre de la maratón:
- Cuándo y cómo inscribirse:
- Día y hora: • Lugar de salida y llegada:
- Algunas normas:
- Lugares interesantes del recorrido:

02 En estas maratones, se habla de lugares para visitar. Busca en Internet otros lugares interesantes de estas ciudades y añádelos a los textos.

MI EXPERIENCIA

SAN SEBASTIÁN

Estoy en forma

✏ ¿Qué haces para estar en forma? ¿Dónde? ¿Cón qué frecuencia? ¿Te preparas antes de hacer deporte? ¿Cómo? ¿Y después?

Deportes y actividades físicas que hago o puedo hacer:

Lugares donde hago o puedo realizar deporte o actividades físicas:

Entrenamientos y/o rutinas durante la semana:

Consejos personales para hacer ejercicio:

------

ciento setenta y uno | 171

EXPERIENCIAS AUDIOVISUALES: VÍDEO

VÍDEO

Misterio en Madrid

1 ¿Quién es?

ANTES DEL VISIONADO

1 ¿Quién crees que es Sergio Aranguren en esta historia?

a. Sergio Aranguren es:
1. una persona famosa. ☐
2. un detective privado. ☐
3. un compañero de empresa. ☐

b. Sergio está en Madrid:
1. para descubrir a unos ladrones. ☐
2. porque trabaja en un banco. ☐
3. para pasar las vacaciones. ☐

DURANTE EL VISIONADO

2 Mira la secuencia y escribe la nueva identidad de Sergio. Toma nota de quién es Alba.

SERGIO

ALBA

Nombre:
Apellido:
Profesión:
Ciudad de origen:
Ciudad donde trabaja:

3 ¿Cómo es la relación entre los dos? Subraya las palabras apropiadas.

- profesional
- familiar
- formal = utiliza *usted*
- informal = utiliza *tú*
- son amigos

DESPUÉS DEL VISIONADO

4 Sergio y Alba tienen problemas con los saludos. ¿Cuál es la norma en esta situación? Elige las opciones correctas.

a. Entre mujeres, darse dos besos. ☐
b. Entre hombre y mujer, darse la mano. ☐
c. Entre hombres, darse la mano. ☐
d. Entre hombre y mujer, darse dos besos. ☐

1

2

3

4

VÍDEO

Misterio en Madrid

2 ¿A qué hora es *mediodía*?

ANTES DEL VISIONADO

Habla con tu compañero.

a. ¿Sabes en qué ciudad están estos museos? Escríbela.
b. ¿Qué tipo de museos son?
c. ¿Sabes qué horario tienen los museos en España?

A Museo Guggenheim

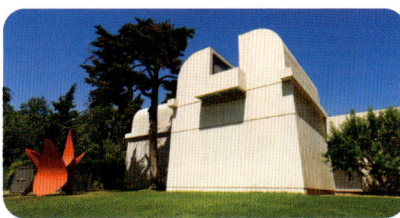

B Fundación Joan Miró

C Centro de Arte Reina Sofía

DURANTE EL VISIONADO

Responde a estas preguntas.

a. ¿Cómo es la vida de Toni en Madrid? ¿Cómo se siente? ....
b. ¿Dónde quiere ir Toni? ....
c. ¿A qué hora es *mediodía* en España? ....
d. ¿Cuándo y adónde van? ....

DESPUÉS DEL VISIONADO

Mira las palabras marcadas en negrita de este fragmento de diálogo y completa.

Alba: ¿**Quieres visitar** algo de Madrid? Podemos ir tú y yo.
Toni: **Genial**, quiero ir a algún museo, por ejemplo.
Alba: **Perfecto**, ¿qué tipo de museo?
Toni: **Pues** prefiero el arte moderno.
Alba: **Bueno**, si te interesa el arte moderno, podemos ir al Centro de Arte Reina Sofía.

Para pensar antes de hablar se utiliza ....
Para proponer algo se utiliza ....
Para expresar que es una buena idea se utiliza ....

En pareja, escribe un diálogo similar. Cambia las palabras subrayadas para escribir algo sobre una ciudad que conoces (española o hispana). Después, represéntalo.

EXPERIENCIAS AUDIOVISUALES: VÍDEO

VÍDEO

Misterio en Madrid

3 ¿Qué hacemos el domingo?

ANTES DEL VISIONADO

¿Conoces estos lugares de Madrid?
¿Qué crees que se puede hacer allí?

A Jardín Botánico   B Café Central   C El Rastro

DURANTE EL VISIONADO

Mira la secuencia y di qué plan tienen para el fin de semana.

a. ¿Dónde van por la mañana?
b. ¿Qué quieren comer?
c. ¿Qué hacen por la tarde?
d. ¿Qué propone Nerea para las nueve de la noche?

Completa este fragmento de la conversación con las siguientes frases.

| ¡Uf!, el domingo es un muy mal día | Es muy bonito | ¡Qué marchosos sois en Madrid! |

| me parece muy buena idea. | ¡Yo me apunto! ¡Qué buen plan! |

Alba: Yo propongo ir a pasear por la mañana por el Jardín Botánico, ¿lo conocéis? _____.
Nerea: No, no lo conozco, pero _____ . Y después podemos ir a comer pollo asado.
Toni: _____
Alba: Y si queréis, después podemos ir al cine.
Nerea: _____ porque hay muchísima gente. [...]
Espera, espera, que hay música en vivo en el café Central.
¿Queréis ir después? El concierto es a las nueve.
Toni: _____

Vuelve a ver el vídeo para comprobar tus respuestas.

DESPUÉS DEL VISIONADO

¿Qué haces normalmente los domingos? ¿Hay algún lugar donde es típico ir en tu ciudad? ¿Por qué? Coméntalo con tus compañeros.
¿Qué planes tienes para el próximo domingo?

VÍDEO

Misterio en Madrid

4 Una fiesta sorpresa

ANTES DEL VISIONADO

1 ¿Qué crees que va a pasar en este vídeo?

....
....
....
....

DURANTE EL VISIONADO

 **2** Mira la secuencia y toma nota.

a. ¿Qué piensa Nerea de Toni? ¿Por qué?

....

b. ¿Qué responde Alba?

....

 **3** Vuelve a ver la secuencia.
¿Qué fiesta es?
¿Qué prepara cada uno para la fiesta?

Alba ....
Luis ....
Nerea ....

DESPUÉS DEL VISIONADO

 **4** ¿Puedes poner otro título a este capítulo? ....

¿Cómo celebras tu cumpleaños?
¿Y tus compañeros?

   a. Organizo una fiesta. ☐
   b. Voy a comer/cenar a un restaurante. ☐
   c. Mis amigos hacen una fiesta sorpresa. ☐
   d. ....

Cuando vas a una fiesta en tu país...

   a. eres puntual. ☐
   b. vas más tarde. ☐
   c. vas antes de la hora. ☐

EXPERIENCIAS AUDIOVISUALES: VÍDEO

VÍDEO
Misterio en Madrid

5 Alba y Toni

ANTES DEL VISIONADO

¿Cocinas bien? ¿Y tu compañero?
Imagina que tienes que preparar una cena rápida. ¿Qué propones?

DURANTE EL VISIONADO

Mira esta secuencia y marca a quién corresponden estas frases.

a. Investiga sobre Toni. _____
b. Invita a Toni a cenar. _____
c. Le gusta mucho la cena. _____
d. Cocina muy bien. _____
e. Comparte piso con Alba y Luis. _____
f. No quiere hablar de Barcelona. _____

DESPUÉS DEL VISIONADO

A. En el diálogo aparecen varias expresiones. Lee la transcripción del vídeo (página 191) y en parejas relaciona cada una con su uso.

Oye, mira, escucha **a.**   **1.** Se usa para afirmar que estoy de acuerdo.
Pues **b.**   **2.** Se usa para reforzar la afirmación o negación.
Que sí, que sí/que no, que no **c.**   **3.** Se usa para tener tiempo antes de hablar.
Ya **d.**   **4.** Se usa para llamar la atención.

B. Comenta con un compañero si tenéis palabras similares en vuestras lenguas o en otra lengua que habláis en común.

En grupos de tres, representa la escena entre Alba y Nerea y entre Toni y Alba.

176 | ciento setenta y seis

VÍDEO

Misterio en Madrid

6 Sospechas

ANTES DEL VISIONADO

 Mira el título de este capítulo. ¿Qué significa la palabra *sospecha*? ¿Quién crees que tiene sospechas? Coméntalo con tus compañeros.

DURANTE EL VISIONADO

 Mira la secuencia y marca si estas frases son verdaderas (V) o falsas (F). Explica por qué.

a. Alba quiere visitar a unos amigos en el puente. ☐
b. Toni quiere pasar unos días de vacaciones con Alba. ☐
c. A Alba no le gusta Toni. ☐
d. Toni alquila un apartamento en Barcelona. ☐
e. Toni está enamorado de Alba. ☐
f. Alba sabe que Toni miente. ☐

A. Ahora, visualiza otra vez y anota las palabras que se usan al principio de las frases, como *pero*. Clasifícalas.

Pensar antes de hablar	Expresar decepción	Expresar acuerdo

B. Mira la transcripción del vídeo (página 191) y comprueba tus respuestas.

DESPUÉS DEL VISIONADO

 ¿Qué crees que pasa al final? ¿Te gustan las historias de misterio? ¿Lees novelas policíacas en tu lengua? ¿Cuáles son tus favoritas? Pregunta a tus compañeros y recomiéndales una.

ciento setenta y siete | 177

EXPERIENCIAS AUDIOVISUALES: VÍDEO

VÍDEO
Misterio en Madrid

7 Alba descubre la verdad

Buenos días. Perdone que le moleste, pero tengo un problema con un compañero de trabajo y quiero hablar con usted.

ANTES DEL VISIONADO

1 Mira la foto y comenta con tu compañero: ¿con quién crees que está hablando Alba? ¿Qué crees que quiere explicar Alba?

DURANTE EL VISIONADO

2 Marca la opción correcta.

a. Alba cree que Toni…
- ☐ tiene una identidad falsa.
- ☐ es un ladrón.

b. Enrique explica a Alba que en realidad Toni…
- ☐ es director de un banco.
- ☐ trabaja para la policía.

c. Toni es…
- ☐ un detective privado.
- ☐ un policía.

d. Los ladrones son…
- ☐ dos mujeres y un hombre.
- ☐ una mujer y dos hombres.

e. Los ladrones han robado en…
- ☐ el banco central de Berlín.
- ☐ un banco de Vitoria.

DESPUÉS DEL VISIONADO

3 **A.** Completa estos diálogos con estas expresiones:
vale; *tienes razón*; *es verdad*; *sí, claro*; *buena idea*; *es posible*.

a. 💬 Creo que Madrid es una ciudad interesante.
💬 .... / ....

b. 💬 ¿Quieres venir conmigo al Museo del Prado?
💬 .... / ....

c. 💬 En Madrid vive mucha gente de otras ciudades de España.
💬 .... / ....

B. En parejas, escribe otro diálogo, utiliza las expresiones anteriores.

VÍDEO
Misterio en Madrid

8 El final...

ANTES DEL VISIONADO

1 En pequeños grupos, imagina un final y responde a estas preguntas.

a. ¿Cuenta Toni a Alba la verdad? _____
b. ¿Continúan Alba y Toni la relación? _____
c. ¿Hay un final feliz? _____

2 Cada grupo cuenta el final al resto de la clase.

DURANTE EL VISIONADO

3
a. ¿Coincide el final de la historia con el de tu grupo? _____
b. ¿Qué historia de la clase se parece más? _____
c. ¿Hay algún final que te gusta más que el vídeo? _____

DESPUÉS DEL VISIONADO

4
a. ¿Te ha gustado? _____
b. ¿Qué personaje te ha gustado más? _____
c. ¿Por qué? _____
d. Completa y escribe tu crítica. Colorea las estrellas en amarillo.

Título: **MISTERIO EN MADRID**
☆☆☆☆☆

Protagonistas:

Comentarios:

ciento setenta y nueve | **179**

VERBOS

El presente

Verbos regulares

	CENAR	COMER	VIVIR
yo	ceno	como	vivo
tú	cenas	comes	vives
él, ella, usted	cena	come	vive
nosotros/as	cenamos	comemos	vivimos
vosotros/as	cenáis	coméis	vivís
ellos, ellas, ustedes	cenan	comen	viven

Verbos irregulares

	ESTAR	SER	DAR	IR	VER
yo	estoy	soy	doy	voy	veo
tú	estás	eres	das	vas	ves
él, ella, usted	está	es	da	va	ve
nosotros/as	estamos	somos	damos	vamos	vemos
vosotros/as	estáis	sois	dais	vais	veis
ellos, ellas, ustedes	están	son	dan	van	ven

	PONER	HACER	SALIR	TENER	VENIR
yo	pongo	hago	salgo	tengo	vengo
tú	pones	haces	sales	tienes	vienes
él, ella, usted	pone	hace	sale	tiene	viene
nosotros/as	ponemos	hacemos	salimos	tenemos	venimos
vosotros/as	ponéis	hacéis	salís	tenéis	venís
ellos, ellas, ustedes	ponen	hacen	salen	tienen	vienen

E > IE / **E > I**

	PENSAR	QUERER	PREFERIR	PEDIR
yo	pienso	quiero	prefiero	pido
tú	piensas	quieres	prefieres	pides
él, ella, usted	piensa	quiere	prefiere	pide
nosotros/as	pensamos	queremos	preferimos	pedimos
vosotros/as	pensáis	queréis	preferís	pedís
ellos, ellas, ustedes	piensan	quieren	prefieren	piden

O > UE / **U > UE**

	CONTAR	PODER	DORMIR	JUGAR
yo	cuento	puedo	duermo	juego
tú	cuentas	puedes	duermes	juegas
él, ella, usted	cuenta	puede	duerme	juega
nosotros/as	contamos	podemos	dormimos	jugamos
vosotros/as	contáis	podéis	dormís	jugáis
ellos, ellas, ustedes	cuentan	pueden	duermen	juegan

Los verbos reflexivos

Verbos irregulares

	LEVANTARSE	ACOSTARSE	SENTARSE	VESTIRSE	REÍRSE
yo	me levanto	me acuesto	me siento	me visto	me río
tú	te levantas	te acuestas	te sientas	te vistes	te ríes
él, ella, usted	se levanta	se acuesta	se sienta	se viste	se ríe
nosotros/as	nos levantamos	nos acostamos	nos sentamos	nos vestimos	nos reímos
vosotros/as	os levantáis	os acostáis	os sentáis	os vestís	os reís
ellos, ellas, ustedes	se levantan	se acuestan	se sientan	se visten	se ríen

El gerundio

Formación del gerundio

Los verbos terminados en...

- *-ar* forman el gerundio en *-ando*.

Ejemplo: *viajar* → *viajando*

- *-er* o *-ir* forman el gerundio en *-iendo*.

Ejemplos: *conocer* → *conociendo*   *vivir* → *viviendo*

Algunos verbos son irregulares:

pedir → pidiendo	ir → yendo
dormir → durmiendo	leer → leyendo

El pretérito perfecto compuesto

	TRABAJAR	COMER	VIVIR
yo	he trabajado	he comido	he vivido
tú	has trabajado	has comido	has vivido
él, ella, usted	ha trabajado	ha comido	ha vivido
nosotros/as	hemos trabajado	hemos comido	hemos vivido
vosotros/as	habéis trabajado	habéis comido	habéis vivido
ellos, ellas, ustedes	han trabajado	han comido	han vivido

Participios regulares

ganar	→	ganado	–ar → –ado
defender	→	defendido	–er → –ido
recibir	→	recibido	–ir → –ido

Participios irregulares

Infinitivo	Participio
poner	puesto
volver	vuelto
hacer	hecho
decir	dicho
ver	visto
componer	compuesto
escribir	escrito

VERBOS

El pretérito perfecto simple

Verbos regulares

	VIAJAR	CONOCER	VIVIR
yo	viajé	conocí	viví
tú	viajaste	conociste	viviste
él, ella, usted	viajó	conoció	vivió
nosotros/as	viajamos	conocimos	vivimos
vosotros/as	viajasteis	conocisteis	vivisteis
ellos, ellas, ustedes	viajaron	conocieron	vivieron

Verbos irregulares

	SER/IR	ESTAR	TENER	HACER	VENIR	TRAER
yo	fui	estuve	tuve	hice	vine	traje
tú	fuiste	estuviste	tuviste	hiciste	viniste	trajiste
él, ella, usted	fue	estuvo	tuvo	hizo	vino	trajo
nosotros/as	fuimos	estuvimos	tuvimos	hicimos	vinimos	trajimos
vosotros/as	fuisteis	estuvisteis	tuvisteis	hicisteis	vinisteis	trajisteis
ellos, ellas, ustedes	fueron	estuvieron	tuvieron	hicieron	vinieron	trajeron

	PODER	PONER	DECIR	ANDAR
yo	pude	puse	dije	anduve
tú	pudiste	pusiste	dijiste	anduviste
él, ella, usted	pudo	puso	dijo	anduvo
nosotros/as	pudimos	pusimos	dijimos	anduvimos
vosotros/as	pudisteis	pusisteis	dijisteis	anduvisteis
ellos, ellas, ustedes	pudieron	pusieron	dijeron	anduvieron

El pretérito imperfecto

Verbos regulares

	VIAJAR	QUERER	SALIR
yo	viajaba	quería	salía
tú	viajabas	querías	salías
él, ella, usted	viajaba	quería	salía
nosotros/as	viajábamos	queríamos	salíamos
vosotros/as	viajabais	queríais	salíais
ellos, ellas, ustedes	viajaban	querían	salían

Verbos irregulares

	SER	IR	VER
yo	era	iba	veía
tú	eras	ibas	veías
él, ella, usted	era	iba	veía
nosotros/as	éramos	íbamos	veíamos
vosotros/as	erais	ibais	veíais
ellos, ellas, ustedes	eran	iban	veían

El imperativo

Imperativo *tú* Regulares		
	Infinitivo	Imperativo *tú*
• -*ar*	entrenar	entren**a**
• -*er*	beber	beb**e**
• -*ir*	vivir	viv**e**

Imperativo *tú* Irregulares	
Infinitivo	Imperativo *tú*
poner	pon
hacer	haz
ir	ve
salir	sal
tener	ten
venir	ven
ser	sé
decir	di

Los verbos *gustar*, *doler*...

GUSTAR			
(A mí)	me		
(A ti)	te	gusta + duele	Artículo + nombre en singular *(el estómago)*
(A él, a ella, a usted)	le		
(A nosotros/as)	nos		
(A vosotros/as)	os	gustan + duelen	Artículo + nombre en plural *(las muelas)*
(A ellos, a ellas, a ustedes)	les		

PARECER + opinión			
(A mí)	me		
(A ti)	te		
(A él, a ella, a usted)	le	parece +	adjetivo o *bien/mal*
(A nosotros/as)	nos		
(A vosotros/as)	os		
(A ellos, a ellas, a ustedes)	les		

Los verbos con otro verbo en infinitivo

Verbos con otro verbo en infinitivo		
Expresar obligación	Tener que... Deber...	*Tengo que estudiar* para el examen. *Debo hacer* los ejercicion todos los días.
Expresar posibilidad o permiso	Poder...	*Puedo practicar* español por el chat.
Expresar necesidad	Necesitar...	*Necesito comprar* un diccionario.
Expresar futuro	Ir a...	*Voy a pasar* al curso siguiente.

TRANSCRIPCIONES AUDIO Y VÍDEO

AUDIO

UNIDAD 1
Pista 1
Alfabeto
A — B — C — D — E — F — G
H — I — J — K — L — M — N
Ñ — O — P — Q — R — S
T — U — V — W — X — Y — Z

Pista 2
Estudiante 1
— Hola, me llamo Peter: pe, e, te, e, erre, Peter Wayne.
— ¿Y cómo se escribe tu apellido?
— Wayne: uve doble, a, ye, ene, e.

Estudiante 2
— Buenos días, soy Eric Bonet.
— Eric, ¿con ce o con ka?
— Con ce: e, erre, i, ce.
— ¿Y cómo se escribe tu apellido, por favor?
— Be, o, ene, e, te.

Estudiante 3
— Buenas tardes, soy Eva de Jonc.
— ¿Cómo se escribe?
— El nombre es fácil: e, uve, a.
— El apellido se escribe separado, en dos palabras: de, e, y otra palabra: jota, o, ene, ce.

Pista 3
— Es Gael García Bernal. Es actor, ¿verdad?
— Sí, es un actor mexicano y es muy famoso.
— ¿Quién es c? ¿Es un actor?
— No, no es actor. Es un escritor español.
— ¿Y cómo se llama?
— Se llama Carlos Ruiz Zafón.
— ¿Y ella es deportista?
— Sí, es Garbiñe Muguruza.
— Es tenista, campeona de Roland Garros y Wimbledon. Es española, pero nacida en Venezuela. Tiene las dos nacionalidades.

UNIDAD 2
Pista 4
a.
— ¿Qué hora es?
— Son las seis y cuarto de la mañana.
— ¡Qué tarde! El autobús sale a las seis y media. ¡Vamos!

b.
— ¿A qué hora abre el museo?
— A las diez.
— Pues son las nueve y media… ¡Vamos, rápido!

c.
— ¿A qué hora tenemos la reserva en el restaurante?
— A las nueve.
— Perfecto, son las ocho y veinticinco.

d.
— ¿Qué hora es?
— Las cuatro menos veinte.
— ¡Ah!, voy a comprar.
— Tranquila, la tienda abre a las cuatro.

Pista 5
Diálogo 1
— Hoy tenemos a una médica en nuestro programa y nos va a hablar de su rutina.
— Yo empiezo a trabajar en el hospital a las ocho de la mañana y trabajo hasta las cinco o seis. Para mí, la forma de relajarme es estar en casa con mi familia, cocinar, comer juntos, ir en bici: cosas tranquilas, porque mi rutina es muy estresante.

Diálogo 2
— Para muchos, es interesante saber cómo es la rutina de un artista.
— No tengo una rutina. Hay semanas que estoy en mi casa, porque preparo un concierto o un nuevo disco, y otras semanas que viajo constantemente, porque tengo conciertos.
— Cuando estás de gira, tu vida debe de ser muy estresante. ¿Cómo te relajas después de un concierto?
— Lo primero, con un baño caliente porque siempre estoy muy cansado y, después, con una buena cena.

Diálogo 3
— Y, por último, tú.
— Pues, mira, los escritores somos muy particulares. Cada uno tiene una rutina. Para mí, escribir no es una profesión normal, necesita creatividad y, por eso, no tengo una rutina. Yo me levanto tarde, sobre las nueve y media y trabajo de diez a dos en casa. Después, por la tarde, tengo a veces reuniones o leo y, por las noches, después de cenar, sobre las diez, trabajo otras tres o cuatro horas. Son mis momentos más creativos.
— ¿Y qué haces para relajarte?
— Pues yo para relajarme hago yoga dos veces a la semana. Mi problema es que mi trabajo es intelectual y estoy mucho tiempo en casa con poca actividad física. Por las noches, hago meditación antes de dormir.

UNIDAD 3
Pista 6
a. Siga por la avenida Presidente Masaryk. Tome la cuarta calle a la derecha. Después, siga recto. Ha llegado a su destino.
b. Siga recto por la avenida Presidente Masaryk. Pase la séptima calle. Ha llegado a su destino.
c. Cruce la plaza y tome la segunda calle a la izquierda. Siga recto por la avenida Isaac Newton hasta el final de la calle. Gire a la derecha y tome la primera calle a la izquierda. Ha llegado a su destino.

Pista 7
— ¿Está contenta con su barrio?
— Sí, en general, pero siempre hay cosas que necesitamos. Por ejemplo, hay tres colegios para niños, pero no hay biblioteca para consultar libros.
— ¿Y hay oferta de ocio?
— Sí, sí. Hay un cine con películas actuales. También hay diferentes restaurantes para comer o tomar algo, hay tiendas pequeñas de alimentación, pero no hay centro comercial.
— ¿Y espacios verdes?
— Bueno, hay un parque muy grande para niños y mayores.
— ¿Y servicios sanitarios?
— Pues hay tres farmacias para comprar medicinas y un centro de salud, pero no hay hospital.
— ¿Y los transportes?
— Bueno, hay paradas de autobús, pero no hay estación de metro y yo, la verdad, prefiero el metro.

UNIDAD 4
Pista 8
Foto 1
— ¿Y esta quién es?
— Es Laura, mi pareja. Pasamos unas vacaciones en Asturias.

Foto 2
— Y aquí estoy de excursión en el campo con unos amigos, ¡fin de semana genial!

Foto 3
— Mira aquí están mis padres, mis hermanos y sus hijos con los regalos del día de Reyes en casa de mis padres.

Pista 9
— ¿Crees que los españoles somos simpáticos?
— Sí, yo creo que sí. Hablamos con todo el mundo: con los vecinos, con la gente en el supermercado, en las tiendas…

— Sí, es verdad, siempre estamos con gente. Y celebramos fiestas en familia, ¿verdad?
— Sí, muchas familias celebran fiestas juntos cuando viven cerca.
— Y yo creo que pasamos mucho tiempo en casa.
— No, no estoy de acuerdo, yo creo que pasamos mucho tiempo en la calle.
— No sé. ¿Y tú crees, como yo, que hablamos mucho?
— Sí, en general, sí. También es verdad que trabajamos mucho.
— Sí, yo también lo creo. En realidad, no se puede generalizar en cómo somos los españoles, las personas somos muy diferentes.

UNIDAD 5
Pista 10
Entrevistador: Hola, perdona, ¿tienes tiempo? Es que estoy haciendo una entrevista sobre el tiempo libre de los estudiantes.
Jaime: Sí, de acuerdo.
Entrevistador: Bueno, pues empiezo: ¿qué estudias?
Jaime: Soy estudiante de Biología.
Entrevistador: ¿Haces deporte?
Jaime: No hago mucho deporte. Bueno, los sábados juego al fútbol.
Entrevistador: ¿Y ves la televisión?
Jaime: Siempre veo todos los partidos de fútbol del Real Madrid y a veces veo una película.
Entrevistador: ¿Y lees?
Jaime: No, no leo nunca. Es que estudio mucho, todos los días voy dos o tres horas a la biblioteca para estudiar y luego descanso.
Entrevistador: ¿Escuchas música?
Jaime: Sí, claro, escucho música todos los días, en casa, cuando estudio, en el autobús...
Entrevistador: ¿Y los videojuegos?
Jaime: Con mis amigos jugamos *on-line* y hacemos competiciones. A veces salgo por la tarde con mis amigos, para tomar algo y hablar. Y los fines de semana salimos por la noche a discotecas, al cine...
Entrevistador: Pues muchas gracias.

Pista 11
— ¿Qué hacemos este fin de semana?
— No sé. Mira, en esta revista proponen muchas actividades.
— Podemos hacer un puzle de mil piezas juntos el sábado.
— A mí la idea del puzle no me gusta nada. ¿Y a ti?
— A mí tampoco.
— ¿Y salir por la ciudad a hacer fotos?
— Vale. Muy bien, me encanta hacer fotos.
— Ay, no. A mí no me gusta nada hacer fotos. ¿Y al cine?
— Yo no quiero ir al cine. ¿Y ver series durante todo el fin de semana?
— Ja, ja. ¿Hacer una maratón de series de televisión? Me gusta muchísimo la idea.
— A mí también.
— ¡Por fin nos ponemos de acuerdo!

Pista 12
Entrevistadora: Buenos días, Antonio, ¿nos hablas de tu experiencia con las lenguas?
Antonio: Sí, sí.
Entrevistadora: ¿Por qué estudias inglés?
Antonio: Porque quiero vivir en Nueva York, mi novia es de allí.
Entrevistadora: ¿Y qué tal con el inglés?
Antonio: Bueno... soy muy bueno con la gramática y escribo bastante bien, pero para mí es muy difícil hablar, por la pronunciación.
Entrevistadora: Pero aprender una lengua no es solo aprender gramática, ¿no?
Antonio: No, claro. Es muy importante conocer la cultura y la gente del país.
Entrevistadora: ¿Quieres recomendar algo a otros estudiantes?
Antonio: Es muy importante hablar mucho en clase, para practicar. También es bueno leer y hablar con la gente.

UNIDAD 6
Pista 13
Hoy os quiero hablar del Proyecto 16. ¿Sabes qué es? Pues es un experimento para simplificar tu vida. ¿Quieres participar? Si decides participar, solo puedes tener 16 prendas de ropa en tu armario, porque está demostrado que, en general, ese es el número de prendas que una persona usa en una temporada de tres meses.

¿Y para qué sirve este proyecto? Pues para hacer tu vida más fácil. Si tienes un armario limpio y ordenado, seguro que tienes más tiempo para hacer otras cosas que te gustan y son más importantes para ti. Para reflexionar sobre tus compras, piensa: ¿realmente necesito tanta ropa? Y también para valorar la calidad, es mejor tener menos cantidad de ropa, pero de mayor calidad. ¿Estás de acuerdo?

Pista 14
— ¡Necesitamos un armario más grande!
— No, no necesitamos otro armario. El problema es que tú tienes mucha ropa. Tienes que leer el blog de Gabriela si quieres organizar bien tu armario.
— A ver, qué dice Gabriela en su blog?
— Pues dice que debes seleccionar lo que usas y eliminar lo que no usas nunca.
— ¡Uf! ¡Qué difícil!
— ¡No te preocupes! Yo te ayudo. ¿Por dónde empezamos? ¿Por esto?
— Nooo, los jerséis, no. Los pantalones.
— ¿Cuáles, estos?
— Sí, los vaqueros.
— ¿Cuáles usas más?
— Estos, los azules. (...)
— Y para terminar... ¿Qué hacemos con esto?
— ¿Esto? ¡Es mi disfraz para carnaval!
— ¿Llevas este disfraz de Superman? Ja, ja, ja...

Pista 15
— Hola, soy Sira, tu asistente virtual y quiero hacerte unas preguntas. ¿Eres una mujer o un hombre?
— Soy una mujer.
— Muy bien. ¿Eres alta o baja? ¿Gorda o delgada?
— Pequeña.
— ¿Pequeña? No entiendo la respuesta.
— Baja y delgada. (Pausa)
— ¿Tienes la nariz grande o pequeña? ¿Tienes la boca grande o pequeña?
— Tengo la nariz pequeña y la boca, grande.
— ¿Tienes los ojos azules, verdes o marrones?
— Marrones.
— ¿Tienes los ojos grandes o pequeños?
— Pequeños. (Pausa)
— ¿Tienes el pelo rubio, castaño, pelirrojo, negro o blanco?
— Blanco.
— ¿Llevas el pelo largo o corto?
— Corto.
— ¿Llevas barba o bigote?
— Ja, ja, ja. Nooooo.
— ¿Nooooo? No entiendo.
— No llevo barba, no llevo bigote. (Pausa)
— ¿Qué ropa llevas?
— Llevo una camiseta blanca y una falda negra.
— ¿Llevas gafas?
— Sí, llevo gafas grandes.
— Muy bien. ¡Ya está! Este es tu avatar.

TRANSCRIPCIONES AUDIO Y VÍDEO

UNIDAD 7

Pista 16

Buenas tardes. Hoy vamos a hablar de la vista, de lo importante que son nuestros ojos. Ver bien depende de dos cosas importantes: hacer una dieta sana y tener buenos hábitos.

Por ejemplo, no es bueno para la vista trabajar demasiadas horas seguidas delante de un ordenador. En ese caso, es importante hacer ejercicios para la vista, como levantar los ojos y contemplar el horizonte o cerrar los ojos durante unos segundos. Eso es muy bueno.

¿Y qué tenemos que comer? Pues es necesario tomar frutas y verduras de colores: verdes, rojas, naranjas, amarillas... es decir, ¡muchas vitaminas! Eso sí, ¡atención con el exceso de azúcar y los refrescos! Es mejor beber agua o tomar zumos naturales.

Pista 17

Sandra: ¡Hola! Una mesa para dos, por favor.
Camarera: Pasen por aquí, por favor.
Javier: Gracias.
Sandra: ¡Qué bonito! Es la primera vez que vengo.
Javier: Pues está muy bien.
Camarera: Aquí tienen el menú.
Sandra: Gracias. A ver... Mira, tienen menestra, me encanta.
Javier: Y a mí, pero hoy voy a tomar ensalada.
Sandra: ¿Sabes qué son los huevos a la flamenca?
Javier: Sí, los comí en Sevilla, son típicos allá. Llevan chorizo, jamón y guisantes. Se cocinan al horno.
Sandra: ¡Oye!, tienen crema catalana, ¡qué bien!
Javier: Bueno, ¿ya sabes qué quieres?
Sandra: Sí, ya podemos pedir. Perdone, si quiere tomar nota…
Camarera: Ahora mismo. A ver, ¿de primero qué van a tomar?
Sandra: De primero, para mí menestra y ensalada para él.
Camarera: ¿Y de segundo?
Javier: Yo el bistec con patatas.
Sandra: El pescado al horno, ¿qué pescado es?
Camarera: Hoy tenemos salmón.
Sandra: Pues, de segundo, salmón para mí.
Camarera: ¿Y para beber?
Javier: Dos botellas pequeñas de agua, que después tenemos que trabajar.
Camarera: Muy bien.
Javier: Gracias.

Pista 18

Sandra: El salmón está muy bueno. ¿Qué tal el bistec?
Javier: Muy rico también. Voy a pedir más pan. Perdone, ¿puede traernos un poco más de pan, por favor?
Sandra: ¿Y puede traerme, por favor, otra botella de agua?
Camarera: Un momento.
Sandra: ¿Vas a tomar algo de postre? Yo no voy a tomar nada. He comido demasiado.
Javier: Pues yo sí.
Camarera: ¿Todo bien?
Sandra: Sí, todo muy bueno.
Camarera: ¿Quieren postre?
Javier: El helado, ¿de qué es?
Camarera: De coco, muy bueno, es casero.
Javier: Pues helado para mí.

Pista 19

Buenos días. Somos de la revista Vida Sana y estamos haciendo un reportaje para saber qué actividades hace la gente diariamente para sentirse bien. Por ejemplo, ustedes, ¿qué cosas de su rutina les hacen felices?

1. Pues a mí me gusta mucho el taichí. Todos los días me levanto temprano, me visto con ropa cómoda y voy al parque con mis amigos. Allí hacemos taichí y saludamos así al nuevo día. Cuando vuelvo a casa, me ducho, tomo un desayuno muy completo y así empiezo el día con buena energía.

2. Pues dos noches a la semana, mi pareja y yo nos vestimos para ir a clase de salsa. ¡Nos encanta bailar! ¡Y además conocemos gente nueva! Después de tanto ejercicio, nos acostamos cansados, pero felices.

3. Los miércoles voy al cine con mis amigas, porque es el día del espectador y es más barato. Después, cenamos en un restaurante mexicano, ¡me encantan los tacos!, y hablamos de nuestras cosas. Eso sí, esa noche no me acuesto muy tarde porque al día siguiente me levanto muy temprano.

UNIDAD 8

Pista 20

... y ahora pasamos a la sección de cultura.

Desde 1901, el 10 de diciembre, se celebra la ceremonia de los Premios Nobel en la ciudad de Estocolmo, aunque el Premio Nobel de la Paz se entrega en Oslo el mismo día.

Estos premios deben su nombre al químico e inventor de la dinamita, Alfred Nobel. Los premios tienen diferentes categorías, cada categoría corresponde a una materia diferente que ayuda al progreso del conocimiento como la Física, la Química, la Literatura, la Medicina y la Paz. La categoría de Economía solo forma parte de estos premios desde 1969.

Muchas personas que reciben el premio no son famosas o conocidas, aunque hay excepciones: Barack Obama, Gabriel García Márquez o Bob Dylan, por ejemplo.

Los ganadores del premio reciben un diploma y 10 millones de coronas suecas (algo más de un millón de euros). Con el dinero del premio, los ganadores pueden seguir desarrollando sus trabajos o investigaciones sin tener problemas o preocupaciones económicas.

Pista 21

Buenos días y bienvenidos a Radio Voz, ¡tu radio! Hoy os queremos presentar un nuevo espacio. Un programa diferente, para todos los públicos, mayores, jóvenes, hombres y mujeres: Los héroes sí existen. ¿Por qué se llama así? Porque queremos hablar de todas esas personas anónimas que han hecho algo importante por los demás.

Nuestro objetivo es contar historias auténticas, de gente normal que ha tenido experiencias extraordinarias. Sin duda, esas son las mejores historias porque son reales, son de verdad, emocionantes y apasionantes. ¡Todos podemos ser héroes en nuestra vida! Recuerda, puedes escucharnos todos los viernes de 9:00 a 11:00 de la mañana. Aquí, en Radio Voz, ¡tu radio! ¡Ah! Y ya sabes que tenemos una página web donde también puedes leer las historias y las noticias que te contamos o escuchar de nuevo todos los programas. ¡Hasta el viernes!

Pista 22

— Hola, Federico. ¿Podemos hacerte unas preguntas para el programa *Tu destino está en España*?
— Sí, claro.
— ¿Cuánto tiempo hace que vives en Salamanca?
— Hace un año.
— ¿Por qué estás aquí?
— Hago un máster de Literatura española en la universidad.
— En una palabra, ¿cómo defines tu vida aquí?

— ¿En una palabra? ¡Qué difícil! Necesito muchas palabras para describir mi experiencia en Salamanca. Pero si solo te digo una… ¡intenso!
— ¿Ah, sí? ¿Qué otras cosas haces, además de estudiar?
— Doy clases particulares de español a una holandesa, trabajo en un bar los fines de semana y enseño tango en un centro cultural. Pero esto último solo desde hace dos semanas.
— ¡Y además el máster! Pues sí que tienes una vida intensa. Oye, ¿y qué recuerdas o extrañas más de tu país?
— Muchas cosas, por ejemplo, la comida. No como empanadas, ni un buen asado argentino, desde hace un año. Bueno, y desde Navidad no veo a mi familia, pero estamos en contacto por correo y por videoconferencia. Ahora, estoy un poco preocupado, porque no tengo noticias de mi novia desde el lunes.
— A lo mejor quiere darte una sorpresa y viene a verte.
— Espero que sí.

UNIDAD 9
Pista 23

Diálogo 1
— Buenos días.
— Buenos días.
— Necesito algo, porque tengo la piel muy roja.
— ¿Ha tomado demasiado el sol?
— No, no, me he levantado esta mañana así. Creo que me ha picado algo.
— A ver, no, no creo, quizá es una pequeña alergia.
— ¿Y qué puedo hacer?
— Puede usar esta crema tres veces al día.
— ¡Ay!, muchas gracias.

Diálogo 2
— ¡Ay, me encuentro fatal!
— Pero ¿qué te pasa?
— No sé, me duele la cabeza y estoy mareada.
— ¡Ay!, a lo mejor no has bebido suficiente o tienes un virus.
— Pero es que tengo fiebre…
— A ver… ¡Ay, sí, y muy alta! Vamos, debes ver a un médico.

Pista 24

1. Existen muchos tipos y cada una tiene sus propiedades. Normalmente se toman en infusión, con agua caliente. Sirven para calmar dolores de estómago, problemas respiratorios, limpiar el cuerpo, dar energía y relajarse.
2. Con diez minutos al día es suficiente. Debes encontrar un lugar tranquilo, estar cómodamente sentado, cerrar los ojos y comenzar por la respiración. Sirve para relajar la mente: olvidar las preocupaciones, aumentar la creatividad y potenciar la concentración.
3. Existen de diferentes tipos. Es importante pedirlos a un profesional. Se pueden usar aceites, cremas… ¡hasta chocolate!, y permiten relajar el cuerpo y la mente, ya que es un momento de tranquilidad.
4. Al principio te da un poco de miedo, por las agujas, pero no te duele y es una técnica china de miles de años para curar o calmar un dolor. Considera al paciente de manera global con sus problemas físicos, sus emociones, su entorno, etc.

UNIDAD 10
Pista 25

Me encanta vuestra página web de maravillas del mundo latino. Podéis hacer una sobre España, aquí también tenemos lugares maravillosos. Por ejemplo, las islas Canarias son unas islas españolas que están muy cerca de las costas de África y eso le da un carácter especial a su clima y geografía. Bueno, pues en Tenerife, una de estas islas, está el parque nacional del Teide. El Teide es el tercer volcán más alto de la Tierra y la montaña más alta de España, con una altura de 3718 metros. ¡Increíble!

También está el desierto de Tabernas, en Almería, una provincia que está en el sureste de Andalucía, en el sur de España. Pues Tabernas es el único desierto de Europa. Y, como curiosidad, os digo que en este paisaje especial se hacen películas.

Ah, y la Selva de Irati de Navarra, que está al norte, entre Francia y España, con el mayor bosque de hayas y abetos de Europa. Para los amantes de los animales, hay muchas especies que están en peligro de extinción. Además, fue declarado Patrimonio de la Humanidad por la Unesco.

Pista 26

Hoy vamos a hablar en nuestro programa del tiempo que tarda la basura en deshacerse en la naturaleza. Estoy seguro de que muchos de los datos te van a sorprender. Empecemos por el papel. Bueno, no todos los papeles son iguales, hay muchos tipos, y tardan entre seis meses y un año en deshacerse.

Todos los metales, como, por ejemplo, las latas de comida o de refrescos o las chapas de las botellas, tardan unos 10 años. Quizá tú puedes pensar: «Sí, el metal es muy poco degradable, por eso yo llevo tetrabriks de zumos». Pues tienes que saber que el tetrabrik tarda mucho más que el metal en deshacerse, unos 30 años.

Y, después, tenemos el plástico, el enemigo número uno de la naturaleza, tanto sean bolsas como botellas, platos o vasos. Estos, dependiendo del tipo de plástico, tardan entre 100 y 150 años en deshacerse. Y ahora el campeón, ¿ya sabes qué es? Sí, el vidrio. Una botella tarda más de 1000 años.

Increíble, triste, preocupante… Muchas personas no son conscientes y tiran estas cosas por nuestros campos, playas y montañas. Tú puedes ayudar y no solo no tirar estos objetos, sino llevar siempre una bolsa de plástico para recoger lo que encuentres.

Y esto es nuestro espacio por hoy. Mañana nuestro programa va a estar dedicado al reciclaje…

UNIDAD 11
Pista 27

— Y tú, Ana María, ¿por qué fuiste a Pekín?
— Para estudiar chino.
— ¿Chino? Pero ¿en qué te has graduado?
— En Ciencias Empresariales. Bueno, ya sabes que el chino es importante para la economía internacional.
— Sí, sí, es verdad, además del inglés y el francés, ¡claro!
— ¿Y tú, Miguel? ¿Has salido fuera?
— Sí. Yo estudié Ingeniería en Barcelona, hice un máster y estudié alemán para trabajar en Alemania, pero al final, en 2013, me ofrecieron un trabajo en Bratislava, en Eslovaquia.
— ¿Y sigues allí?
— Sí, mi vida ahora está allí, con mi mujer y mi futuro hijo.
— ¿Sí?, pues yo me enamoré de un inglés y, después de graduarme, me fui con él a Londres.
— ¡Madre mía, lo que hace el amor! Oye, Daniela, ¿y en qué te graduaste?
— En Enfermería.
— ¿Y en Londres trabajaste en un hospital?
— Pues no, mi primer trabajo fue de camarera en un restaurante español.
— ¡Uf! A veces los comienzos son difíciles.

ciento ochenta y siete | **187**

TRANSCRIPCIONES AUDIO Y VÍDEO

Pista 28

– Hemos leído tu currículum. Nos parece muy original, pero nos gustaría hacerte algunas preguntas y saber más cosas de ti.
– Sí, claro, por supuesto.
– En 2013 te graduaste en Farmacia y… has estudiado un máster en Neurociencia, ¿verdad?
– Sí, hice un máster en Neurociencia de 2014 a 2015.
– Veo que en 2015 te fuiste a Francia. ¿Por qué?
– Por motivos personales, tuve una relación con un chico francés. Así que al año siguiente nos fuimos a su ciudad, Burdeos.
– ¿Y en Burdeos trabajaste?
– Sí, durante mi primer año en Burdeos, en 2016, estuve en una librería española. Y un año después, en 2017, trabajé unos meses en los laboratorios Rossen, en Lyon.
– Y ahora estás aquí. ¿Por qué?
– Dejé mi trabajo hace un año para estudiar un máster en Psicología Clínica en Barcelona.
– ¿Y qué estás haciendo ahora?
– Hago unas prácticas en un hospital desde hace unos meses.
– ¿Cuándo las acabas?
– El próximo mes.

UNIDAD 12
Pista 29

El arroz y la papa, o patata, son dos de los productos más consumidos en el mundo, junto con la yuca, el maíz y el trigo. La historia del arroz es muy interesante. Su origen está en Asia, aunque no se sabe su origen exacto. En España se empezó a cultivar en el siglo VIII, durante el periodo de los árabes. Llegó a América en los barcos de Colón. La primera vez que se hizo un plato con este producto en Europa fue arroz con leche, un postre que se sirvió a un rey de Francia. En el mundo oriental antiguo, el arroz simbolizaba la vida y, por eso, se tira arroz en las bodas.
La papa, llamada *patata* en algunas zonas de España, es un alimento que tiene su origen en Sudamérica, en concreto en Chile y en Perú. Existen más de 4 000 variedades de papas o patatas. Los conquistadores españoles la trajeron a España en el siglo XVI. La papa no se empezó a cultivar hasta el siglo XVIII porque, al principio, fue considerada como una planta exótica para los jardines. Durante la Revolución Industrial fue un alimento muy importante para muchas personas.

Pista 30

Gloria: Tenemos que tener cuidado de no llevar demasiadas cosas. Podemos compartir. A ver… Yo llevo el botiquín, solo necesitamos uno.
Álvaro: Sí, estupendo. Entonces, si tú llevas el tuyo, yo puedo llevar los mapas y el libro de las plantas. Héctor, ¿puedes llevar tú la linterna? Es que la mía está rota…
Héctor: Sí, claro, pero voy a preguntar a mi hermana, porque la suya es mejor que la mía.
Raquel: ¿Y yo qué llevo para compartir?
Gloria: ¿El jabón?
Raquel: No, mejor cada uno llevamos el nuestro.

Pista 31

Héctor: Este fin de semana me voy de excursión.
Hermana: ¿Y adónde vas?
Héctor: A la montaña, con Gloria, su hermana y su novio.
Hermana: ¡Uy, qué bien! Edu y yo fuimos el fin de semana pasado…
Héctor: Oye, quería pedirte el saco de dormir, es que el mío es muy viejo.
Hermana: Vale, el mío creo que está en mi armario, lo busco.
Héctor: ¿Y puedes dejarme también una linterna? No, mejor dos, es que no tenemos.
Hermana: No, yo tampoco tengo, pero puedes preguntar a Edu, la suya es nueva y creo que tiene otra.
Héctor: Vale, pues le envío un mensaje.
Hermana: ¿Y lleváis algo para la lluvia? Cuando fuimos nosotros, llovió mucho.
Héctor: Sí, sí. Pero ¿Edu me puede dejar también sus botas de montaña? Las mías no las encuentro.
Hermana: Vale, oye, chico, ¿y qué más?
Héctor: Pues es que tampoco tenemos una tienda de campaña.
Hermana: Pues nosotros tampoco. Nos quedamos a dormir en un albergue, pero creo que la puedes alquilar en la tienda de deportes.

UNIDAD 13
Pista 32

Diálogo 1
– Buenos días. ¿Puede contestar a unas preguntas? Estamos haciendo una encuesta para la televisión local.
– Sí, claro. ¡Qué ilusión!
– ¿Con qué frecuencia viene usted al mercado?
– Ay, pues todos los días. Bueno, menos los fines de semana, los sábados no vengo porque comemos pasta y los domingos siempre voy a comer con mi marido a un restaurante.
– ¿A qué hora viene?
– Me gusta mucho venir por la mañana, porque todo está muy fresco.
– ¿Y qué va a comprar hoy?
– Hoy quiero un poco de pescado, merluza o salmón. También necesito patatas, zanahorias y huevos, porque quiero hacer una ensaladilla. He comprado ya en el supermercado el atún y las aceitunas, porque la mayonesa la hago yo, claro. Ah, bueno, y si están a buen precio, voy a comprar unas gambas para un aperitivo.
– ¿Y por qué viene al mercado?
– ¡Ay, chico!, pues porque aquí está todo fresco y puedes hablar con los vendedores y decir exactamente lo que quieres.

Diálogo 2
– Buenos días. ¿Puedes contestar a unas preguntas? Es para la televisión local.
– Sí, pero tengo un poco de prisa…
– ¿Con qué frecuencia vienes al mercado?
– Pues poco, porque no tengo tiempo, una vez a la semana, no más.
– ¿A qué hora vienes?
– Cuando puedo. Hoy, por ejemplo, empiezo a trabajar tarde y por eso puedo venir por la mañana pronto. Los sábados, con mi pareja, a veces venimos sobre las once y media y así después tomamos aquí un aperitivo. En realidad, no tengo hora fija, depende del día.
– ¿Y qué vas a comprar hoy?
– Pues quiero hacer un plato muy especial y necesito carne de cerdo, manzanas y creo que tomates pequeños. Bueno, tengo la lista aquí…
– ¿Y por qué vienes al mercado y no a un supermercado?
– Pues, mira, porque solo en los supermercados muy grandes encuentras tanta variedad de productos como aquí. Y, además, creo que hay que ayudar a los vendedores locales.

Pista 33

Periodista: Hola, Marta. Somos de la revista *Cambiar de vida*. ¿Podemos hacerte unas preguntas?
Marta: Sí, claro.
Periodista: Eres una persona que decidió cambiar de vida. ¿A qué te dedicas en la actualidad?
Marta: Bueno, ahora soy cantante en un grupo de música en Madrid.
Periodista: ¿Y cómo es tu vida ahora?
Marta: Tengo mucho tiempo libre durante el día para estudiar música y para preparar los conciertos y actuaciones…

Periodista: ¿Y qué hacías antes?
Marta: Bueno, antes trabajaba en una tienda todo el día, seis días a la semana, y no tenía tiempo para la música.
Periodista: ¿Cómo era tu vida?
Marta: Mi vida era mi trabajo. Iba todos los días a la tienda y los domingos salía con mis amigos, veía a mi familia o me quedaba en casa soñando con ser cantante.
Periodista: ¿Y estás satisfecha con el cambio?
Marta: Claro, estoy muy contenta. Puedo hacer lo que me gusta y tengo mucho tiempo para mi familia y mis amigos.
Periodista: ¿Y qué aconsejas a las personas que te escuchan?
Marta: Que tienen que hacer lo que les gusta, que la vida se vive solo una vez.
Periodista: Muchas gracias, Marta, por compartir tu experiencia con nosotros.

Pista 34
Nieta: Abuelita, tú, de pequeña, ¿cómo eras?
Abuela: Pues era muy morena y no me gustaba nada, porque en aquella época la moda era tener la piel blanca. Las mujeres que trabajábamos en el campo llevábamos mucha ropa y sombreros para protegernos del sol. Eso sí, era muy alegre. ¡Como tú!
Nieta: ¿Y qué hacías?
Abuela: ¡Uy!, muchas cosas. Iba al campo a por zanahorias, tomates, cebollas… También hacía queso, pero lo que más me gustaba era hacer pan.
Nieta: ¿No ibas al cole?
Abuela: Sí, claro. En el pueblo había una escuela y allí íbamos todos los chicos del pueblo.
Nieta: ¿Y cómo era tu profe?
Abuela: Doña Margarita era una mujer muy elegante y ¡muy alta! Nos enseñaba muchas cosas de Historia, Matemáticas, Música…
Nieta: ¿Música también? ¿Y cuál era tu cantante favorito?
Abuela: ¿Mi cantante favorito? Uy, había muchos… No recuerdo ahora, pero siempre los escuchábamos en la radio.
Nieta: ¿Y qué hacías el fin de semana?, ¿a qué te gustaba jugar?, ¿veías la tele?, ¿cuál era tu serie favorita?
Abuela: (Risas) ¡Cuántas preguntas! ¿Serie favorita? ¡Pero si no había tele! Siempre estábamos en la plaza del pueblo y jugábamos a correr, al fútbol… La verdad es que no teníamos muchos juguetes, pero lo pasábamos muy bien y nos reíamos mucho.
Nieta: Dime, abuelita, ¿tienes fotos de cuando eras pequeña?
Abuela: No muchas, porque no teníamos cámara de fotos y solo nos hacíamos fotos de familia para ocasiones especiales, pero seguro que tengo alguna, espera, voy a mirar…

UNIDAD 14
Pista 35
Buenos días. Somos de la Organización Mundial de la Salud y estamos haciendo una encuesta sobre el sedentarismo en los mayores de cincuenta. ¿Podrían contestarnos una pregunta? Son solo dos minutos.
Mujer 1: Sí, claro, y ¡hasta tres minutos!
Entrevistador: Estupendo, ¡gracias! ¿Qué actividades físicas hacen ustedes para estar en forma?
Mujer 1: Pues yo, después de comer, doy un paseo con mi vecina, tres días a la semana. ¡Caminamos más de 4 km!
Hombre 1: Sí, ¡eso está muy bien! Yo, de lunes a viernes, voy a trabajar en bicicleta. Así hago ejercicio y es más ecológico. Eso sí, cuando llueve, voy en autobús.
Mujer 2: ¡Buf! ¡Yo ya no estoy para bicicletas! Pero todos los días subo escaleras hasta mi casa. No uso el ascensor. También es hacer ejercicio, ¿no?
Hombre 2: ¡Claro! Yo también subo escaleras… Pero a mí lo que me gusta es el yoga, con 20 minutos todas las mañanas… ¡como nuevo! ¡Ah! Los fines de semana también.

Pista 36
Dani: Hola, chicas, ¿qué tal? Hoy terminamos las clases y ya tenemos las tardes libres.
Lucía: ¿Qué os parece si hacemos algo juntos mañana por la tarde?
Dani: Vale, ¿qué podemos hacer?
Celia: Yo tengo que ir de compras, ¿por qué no venís conmigo?
Lucía: Ay, no. Es que a mí no me gusta ir de compras.
Celia: Bueno, ¿y si vamos al museo de las cartas?
Lucía: Me parece perfecto. Me gustan mucho los museos pequeños. Y después podemos ir a ver los murales.
Dani: Por mí bien también. ¿Puede venir con nosotros Humberto? Es que sé que quiere verlos.
Celia: Sí, sí, podemos quedar con él, claro que sí.
Dani: Entonces, ¿cómo y dónde quedamos?
Celia: ¿Quedamos a las cuatro en la plaza de España?
Lucía: Perfecto.

Pista 37
En el programa de hoy vamos a hablar de la San Silvestre, una famosa carrera popular. Cada 31 de diciembre, desde 1964, Madrid celebra una de las pruebas atléticas con más participantes de España, la San Silvestre Vallecana. Deporte y fiesta se unen en una carrera de 10 kilómetros de distancia. Se trata de un recorrido muy fácil para los corredores, que termina en el conocido estadio de Vallecas.

La prueba, en realidad, son dos competiciones: la edición popular, en la que puede participar cualquier persona, y la edición para profesionales, en la que participan las grandes estrellas internacionales del momento. La salida de la edición popular tiene lugar a las 17:30 de la tarde y la de los corredores profesionales a las 20:00.

Es importante conocer algunas normas: todos los participantes tienen que estar inscritos. Para tener el certificado oficial debes completar todo el recorrido.

Pueden correr personas de todas las nacionalidades y también los menores de 16 años, pero con la autorización de los padres. Pueden participar personas ciegas y también personas en sillas atléticas y *handbike*.

Las inscripciones son durante los meses de septiembre u octubre hasta diciembre y se hacen a través de la página web www.sansilvestrevallecana.com.

Pues ya lo sabéis, amigos, todos pueden disfrutar de esta cita única en el mundo. No importa si eres joven o mayor; si corres por divertirte o por hacer un buen tiempo; si eres profesional o no; lo importante es disfrutar de las emociones positivas que se generan durante la carrera.

VÍDEO

MISTERIO EN MADRID

Episodio 1
¿Quién es?

Alba: Buenos días. Es usted Antonio Blanco, ¿verdad?

Toni: Sí, soy yo, pero, por favor, llámame Toni.

Alba: Vale, Toni. ¡Encantada! Yo soy Alba Martín, de BerlinbanK.

Toni: ¡Encantado! Perdón, nunca sé si dar la mano o dos besos…

Alba: Tranquilo, no pasa nada. Es que en nuestro banco somos bastante informales. Bueno, ¿qué tal el viaje?

Toni: Bien, muy bien.

Alba: ¿Eres de Barcelona? Es que no tienes acento catalán.

Toni: Sí, sí, soy de Barcelona, pero mis padres no son catalanes.

Alba: ¡Ah!, vale. Tengo aquí el coche, te llevo al hotel.

Toni: ¡Vale!

Toni: ¿Y tú? ¿Eres de Madrid?

Alba: No, ahora vivo en Madrid, pero yo soy de Vitoria.

Toni: ¡Ah! ¿Y en qué departamento trabajas?

Alba: Ahora en el Departamento de Finanzas, pero a veces me cambio de departamento, ¡y de banco!

Toni: ¡Ah!

Alba: Y tú en Barcelona, ¿qué haces exactamente?

Toni: Yo trabajo en el Departamento de *Marketing*.

Alba: Vale. Muy bien.

Alba: Bueno, pues ya estamos en el hotel. En una hora vamos a cenar, ¿vale? Hay un restaurante muy típico cerca.

Toni: Vale, estupendo.

Alba: Pues nada, hasta luego.

Toni: Y gracias por venir al aeropuerto.

Alba: De nada, hombre, de nada.

Episodio 2
¿A qué hora es *mediodía*?

Alba: Hola, Toni, ¿qué tal el trabajo?

Toni: Bien, el trabajo bien.

Alba: ¿Y vivir en Madrid?

Toni: Muy bien, estoy muy contento.

Alba: Oye, ¿quieres visitar algo de Madrid? Podemos ir tú y yo.

Toni: Genial, quiero ir a algún museo, por ejemplo.

Alba: Perfecto, ¿qué tipo de museo?

Toni: Pues prefiero el arte moderno.

Alba: Bueno, si te interesa el arte moderno, podemos ir al Centro de Arte Reina Sofía. Sabes que el *Guernica* está allí, ¿no?

Toni: Ah, sí, es verdad, ¡quiero ir!

Alba: ¿Qué tal si vamos el sábado a mediodía?

Toni: Uy, no puedo, a las doce tengo una reunión con un cliente inglés.

Alba: Mediodía español, ja, ja…, sobre las dos.

Toni: Es que trabajo mucho con extranjeros… ¿Y si vamos a comer algo antes o después? ¿Hay algún restaurante cerca?

Alba: Claro, hay muchos restaurantes y bares cerca.

Toni: Vale, ¡pues genial!

Alba: Vale.

Episodio 3
¿Qué hacemos el domingo?

Alba: Oye Toni, este domingo voy a quedar con unos amigos, ¿tienes algún plan?

Toni: No, de momento no tengo planes…

Alba: ¡Ay! Ahí viene mi amiga, te la voy a presentar. Mira, esta es Nerea, también trabaja en el banco, es nuestra informática.

Nerea: ¡Hola!, encantada. Tú eres Toni, ¿verdad?

Toni: Sí, mucho gusto. ¿Tú tambien eres de Vitoria?

Nerea: Sí, como Alba. Aquí en Madrid compartimos piso con otro amigo, Luis. Y tú, ¿de dónde eres?

Toni: Soy de Barcelona, pero mi madre es alemana.

Nerea: Barcelona. Yo voy mucho a Barcelona porque mi hermana vive allí. Me encanta el Tibidabo. Es mi lugar favorito.

Toni: Sí, sí, es un restaurante donde se come muy bien.

Nerea: Bueno, ¿y qué planes tenéis para el domingo?

Nerea: Pues, no sé, podemos mirar en la *Guía del tiempo libre*. Seguro que hay algo interesante…

Alba: Yo propongo ir a pasear por la mañana por el Jardín Botánico, ¿lo conocéis? Es muy bonito.

Nerea: No, no lo conozco, pero me parece muy buena idea. Y después podemos ir a comer pollo asado.

Toni: ¡Yo me apunto! ¡Qué buen plan!

Alba: Y si queréis, después podemos ir al cine.

Nerea: ¡Uf!, el domingo es un muy mal día porque hay muchísima gente.

Alba: ¿Y si vamos al Rastro por la mañana, al mercadillo, y al Jardín Botánico por la tarde?

Toni: Ay, ¡qué bien!, el Rastro. ¡Qué buena idea!

Alba: Bueno, pues ya tenemos plan: vamos al Rastro, comemos pollo asado y después damos un paseo por el Jardín Botánico.

Nerea: Espera, espera, hay música en vivo en el café Central. ¿Queréis ir? El concierto es a las nueve.

Toni: ¡Qué marchosos sois en Madrid!

Episodio 4
Una fiesta sorpresa

Alba: Oye, el sábado es el cumpleaños de Toni. ¿Y si le hacemos una fiesta sorpresa? No tiene muchos amigos en Madrid.

Nerea: A ti te gusta Toni, ¿verdad? Ja, ja, ja.

Alba: Pues sí, ¿a ti no?

Nerea: Es que yo veo cosas raras. Dice que es de Barcelona, pero no tiene acento catalán y no conoce el Tibidabo. Además, siempre hace muchas preguntas. No sé, es muy raro.

Alba: ¡Qué dices! A mí me parece un chico muy simpático, especial, diferente. Sus padres no son de Barcelona, por eso no tiene acento catalán.

Nerea: ¿Y lo del Tibidabo?

Alba: Pues el Tibidabo es quizá también un restaurante de Barcelona, ¿no?

Nerea: Sí, es posible. La verdad es que es majo, muy agradable. Bueno, ¿y qué hacemos para la fiesta?

Alba: Yo puedo invitarlo a cenar a casa y aquí estamos todos y le damos el regalo, y le cantamos el cumpleaños feliz y todo eso.

Nerea: Vale, yo me ocupo de la música y de la tarta.

Alba: Yo, de la comida, y hablo con Luis para que él compre las bebidas. ¿A qué hora?

Nerea: Sobre las nueve. Seguro que la gente empieza a llegar a las diez.

Alba: Genial, ¡fiesta!

Nerea: Sí, yuhu.

Episodio 5
Alba y Toni

Nerea: ¡Fantástica la fiesta sorpresa, wow!

Alba: ¿Verdad?

Nerea: Oye, Alba, tengo que decirte una cosa. Mira, he llamado por teléfono al BerlinbanK de Barcelona y allí no existe Antonio Blanco. Te digo que Toni no es quien dice que es…

Alba: ¡Es imposible! No me lo creo. No sé, tengo que hacer algo, Nerea… Ya sé, tengo una idea, le invito a cenar a casa y le pregunto…

Nerea: ¡Ten cuidado, Alba!

Alba: Que sí, que sí…

Toni: ¡Todo buenísimo, de verdad, Alba! Eres muy buena cocinera.

Alba: Gracias, la verdad es que aquí en Madrid cocino poco.

Toni: Oye, Alba, ¿por qué vives ahora en Madrid y no en Vitoria?

Alba: Luis, Nerea y yo somos amigos desde la universidad y decidimos venir aquí los tres juntos a Madrid.

Toni: ¿Y por qué Madrid?

Alba: Pues porque es una ciudad agradable, grande, una vida diferente, nadie nos conoce, no sé…

Toni: Ya.

Alba: ¿Y tú? ¿Por qué Madrid? ¿No te gusta Barcelona?

Toni: Sí, sí. Me gusta mucho, pero… ¡Uy, qué tarde! Que mañana tenemos que trabajar…

Alba: Vale, pues ya te acompaño a la puerta. Hasta luego… ¿Quién eres, Toni?

Episodio 6
Sospechas

Toni: Gracias por la cena de ayer. Primero la fiesta de cumpleaños, después esta maravillosa cena. Ahora me toca a mí, Alba. ¿Qué vas a hacer este puente?

Alba: Pues quiero ir unos días a visitar a mis padres a Vitoria…

Toni: ¡Vaya! ¿Y no prefieres venir conmigo? Quiero pasar más tiempo contigo, Alba. Podemos alquilar un apartamento en Sitges y pasar esos días en la playa. ¿Qué te parece? ¿Quieres venir conmigo?

Alba: Pero, Toni, así, de repente, no sé, no nos conocemos.

Toni: Pero, dime, ¿yo también te gusto?

Alba: Sí, sí. Me gustas, pero…

Toni: Entonces, ¿quieres venir conmigo? Dime que sí, por favor. Podemos viajar primero a Barcelona y desde allí ir en tren. Sitges es pequeño, no necesitamos coche.

Alba: Vale, y también puedo conocer a tus amigos…

Toni: Bueno, eso no es buena idea. Mis amigos seguro que están fuera porque…

Alba: ¿Sabes, Toni? Es todo muy raro. Sé que no trabajas en Barcelona, pero no sé por qué me dices mentiras, no lo entiendo. A mí también me gustas, pero no sé qué pensar. No sé quién eres en realidad, ¿y si eres un criminal? ¡Un ladrón de bancos, por ejemplo!

Toni: Pero, Alba, deja que te explique…

Episodio 7
Alba descubre la verdad

Alba: Buenos días. Perdone que le moleste, pero tengo un problema con un compañero de trabajo y quiero hablar con usted.

Director: Pues a ver, Alba, dime, ¿qué te preocupa?

Alba: Verá, se trata de Antonio Blanco. Creo que no es quien dice que es.

Director: Tienes razón. No sé si puedo contártelo, pero… en realidad, Antonio trabaja para la policía, es un detective privado.

Alba: ¿Detective privado?

Director: Sí, está aquí porque busca a tres ladrones. Tres personas: un hombre y dos mujeres que han robado en un banco de Vitoria… ¡más de cinco millones de euros! Por eso está aquí de incógnito, porque la policía cree que los ladrones están en Madrid.

Alba: ¿Y por qué trabaja en este banco?

Director: Lo envía el banco central del BerlinbanK de Berlín porque creen que los ladrones trabajan en otro banco.

Alba: …

Director: La verdad es que me parece que Antonio trabaja muy bien. ¿Sabes? Si quiere cambiar de profesión, yo puedo ofrecerle un trabajo aquí.

Alba: Entonces, todo es mentira, todo…
(…)

Alba: ¡Ay Nerea!, tienes razón. Toni nos miente en todo, pero él no es un criminal, es un detective privado y busca a unos ladrones, algo relacionado con un banco… no sé.

Nerea: Habla con él, seguro que tiene una buena razón, habla con él, Alba.

Episodio 8
El final…

Toni: Alba, tengo que hablar contigo.

Alba: ¡Y yo contigo!

Toni: Vale, empieza tú primero.

Alba: Sé que nos has mentido, que no eres quien dices que eres y…

Toni: Es verdad, Alba, te explico. Me llamo Sergio Aranguren y soy detective privado. Investigo el robo de un banco en Vitoria y estoy aquí para intentar descubrir a los ladrones.

Alba: ¿Los ladrones?

Toni: Sí, dos mujeres y un hombre.

Alba: Un momento, ¿dos mujeres y un hombre? Como Luis, Nerea y yo. Y… ¡somos de Vitoria! ¿Has pensado por un momento que nosotros somos los ladrones?

Toni: Sí, tengo que confesar que al principio sí, pero ahora ya sabemos que los ladrones trabajan en otro banco en Madrid, ya los tienen.

Alba: ¿Y nosotros? Los fines de semana juntos, las cenas… ¿han sido solo para ver si…? Esto es demasiado, Toni.

Toni: No, no, Alba, te prometo que no. Bueno, al principio sí, pero solo al principio. Me gustas mucho y quiero empezar una relación contigo.

Alba: ¿Y cómo? Si ya has terminado tu trabajo…

Toni: He hablado con mi jefe para quedarme en Madrid y Enrique, tu jefe, me ha ofrecido un trabajo y si tú quieres, solo si tú quieres… podemos empezar de nuevo la relación, sin más mentiras.

Alba: ¿Sin más mentiras?

Toni: Te lo prometo.

1.ª edición: 2020
4.ª impresión: 2025
© Edelsa, S. A. Madrid, 2020
© Autoras: Encina Alonso Arija, Geni Alonso Arija y Susana Ortiz Pérez

Equipo editorial
Coordinación: María Sodore
Edición: Óscar Cerrolaza Gili
Diseño de cubierta: Carolina García
Diseño y maquetación de interior: Lidia Muñoz
Corrección: Natalia García Jiménez

Fotografías: p. 38 Antigua, Guatemala [Kobby Dagan] © 123RF.COM; p. 50 Fernando Torres [sportgraphic] © 123RF.COM; Pedro Sánchez [zixia] © 123RF.COM; M. Vargas Llosa [antvlk] © 123RF.COM; Carolina Herrera [Anton Oparin] © 123RF.COM; Selena Gómez, Andy García [buzzfuss] © 123RF.COM; Javier Fernández [Leonard Zhukovsky] © 123RF.COM; Marc Márquez [mik38] © 123RF.COM; Jennifer López [Kobby Dagan] © 123RF.COM; p. 64 Zara y Mango [TEA] © 123RF.COM; p. 74 [Stanisław Tokarski] © 123RF.COM; [Jeremy Richards] © 123RF.COM; p. 82 Rafa Nadal, Mireia Belmonte [sportgraphic] © 123RF.COM; Alberto Contador [William Perugini] © 123RF.COM; p. 89 Javier Bardem [buzzfuss] © 123RF.COM; Marc Márquez [mik38] © 123RF.COM; p. 91 A. Einstein [radub85] © 123RF.COM: p. 98 Eduardo Mendoza [zixia] © 123RF.COM; Javier Gómez [Stefan Holm] © 123RF.COM; Fernando Alonso [Iván García Aguirre] © 123RF.COM; Shakira, Penélope Cruz [buzzfuss] © 123RF.COM; Alejandro Sanz [Kobby Dagan] © 123RF.COM; p. 122 Museo Nacional Centro de Arte Reina Sofía [gkm] © 123RF.COM; p. 152 Mercado de San Telmo [Mariusz Prusaczyk] © 123RF.COM; p. 122 Pampa [Kobby Dagan] © 123RF.COM; p. 122 Niña peruana con llama [donyanedomam] © 123RF.COM; p. 166 Ruta de los murales [David Herráez] © 123RF.COM

Audio
Locuciones y montaje sonoro: Bendito Sonido
Voces: Olga Hernangómez, Mamen Delgado, Ángel Morón, Quique Lozano

Vídeo
Guion: Encina Alonso Arija, Geni Alonso Arija y Susana Ortiz Pérez
Realización y dirección: Impronta Digital
Actores: Alba (Delia Labiano Iricibar); Toni (Fernando Sola Manero); Nerea (Estela Bercero Benavides); director del banco (Tito Aceves Diego)

ISBN: 978-84-9081-385-0
Depósito legal: M-1175-2020

Impreso en España/*Printed in Spain*

- Las normas ortográficas seguidas en este libro son las establecidas por la Real Academia Española en su última edición de la *Ortografía*.
- La editorial Edelsa ha solicitado los permisos de reproducción correspondientes y da las gracias a todas aquellas personas e instituciones que han prestado su colaboración.
- Las imágenes y documentos no consignados más arriba pertenecen al Departamento de Imagen de Edelsa.
- Cualquier forma de reproducción de esta obra solo puede ser realizada con la autorización de la editorial, salvo excepción prevista por la ley. Diríjase a CEDRO (Centro Español de Derechos Reprográficos, www.cedro.org) si necesita fotocopiar o escanear algún fragmento de esta obra.